中華佛學研究所
禪宗典籍系列叢書

02

三峰派
參禪鍛鍊指南　　2

禪門
鍛鍊說

晦山戒顯禪師 著
中華佛學研究所 編註

禪宗典籍系列叢書總序

「禪宗典籍系列叢書」於 2021 年著手進行，目的是在精選禪宗祖師有關禪修指導鍛鍊之語錄、宗論等著作，一方面提供學者研究禪宗理論思想時，有實踐相關線索可資參考，另一方面也提供一般讀者實修上之指引。經過三年整理編校後完成首套《三峰派參禪鍛鍊指南》，包含創始祖漢月法藏之〈參禪四十偈〉，以及第三代名僧晦山戒顯的《禪門鍛鍊說》與仁山寂震的〈參禪第一步要訣〉共三冊。

不同於過往「漢傳佛教典籍叢刊」等系列之純粹學術走向，「禪宗典籍系列叢書」扮演了建立學術理論與實踐之連結、輔助實修指引之功能，本系列叢書有三項特色：

一、著作以修行鍛鍊相關為主

禪宗祖師之著作除語錄、宗論外，亦見律儀、清規、燈錄、寺志、詩文集、感應錄、筆記等，本叢書擇取編校之對象，以前兩類談及宗門鍛鍊者為主，其他著作為補充。

其中,又以宋代以後,漢地禪門臨濟宗話頭禪、曹洞宗默照禪、念佛禪的修行法門為本系列叢書的三條主線。

二、註解以有利實修為考量

祖師著作之用語,或因時代久遠而有難解之處,以學術著作立場來註解時,本不宜引今釋古,然而本系列既以輔佐一般大眾實修指引、建立實踐連結為目的,因此在註解時,除了引用禪宗典籍之外,也常使用聖嚴法師「禪修指引系列」等修行相關著作解釋之,以協助熟悉法鼓山修行體系的讀者理解祖師意旨,其中又以聖嚴法師主持禪七或禪坐會的開示內容,編輯成書的《禪的體驗・禪的開示》、《拈花微笑》等為主要參考。

三、朝代以明清向上回溯為序

禪宗在學術研究上,或許是因為受到日本人的「唐宋乃輝煌、成熟時期,明清為衰敗、墮落時期」等論述影響,明顯地在明清禪宗典籍之注疏、研究,數量上相對其他朝代是要少些。基於此考量因素,本系列叢書在編校著作時,朝代順序上選擇明、清開端,首套為晚明清初臨濟宗著作,次

為明清時期曹洞宗著作、再為禪宗念佛相關著作，而後再依序向上回溯元、宋、唐，先讓讀者有機會親近年代相對較近的祖師思想與修行方法。

　　中華佛學研究所即將邁入第四十年，恩師創辦本所初衷，即為佛教教育、學術功能而設立，2006年將教學功能與學術相關資源移轉至法鼓佛教研修學院（現今之法鼓文理學院）後，本所仍繼續肩負漢傳佛學的研究與出版之責，亦扮演著學術研究與實踐連結之橋樑，祈望本系列叢書得以體現創辦人之精神，將漢傳佛法精妙之理，導入生命實踐之中，並能裨益讀者實修參證。

釋果鏡

中華佛學研究所所長
2024年5月31日

編輯說明（凡例）

一、為利於一般讀者閱讀禪宗典籍以及實修上之利用，爰編「禪宗典籍系列叢書」。

二、文中所述及禪師，於第一次出現時，列出其全名及生卒年，第二次起僅列簡稱。

三、凡徵引之藏經，皆在第一次出現時註明朝代及作者，第二次起不列。

四、凡參考民國以後及今人著作不列朝代。

五、所引用之《法鼓全集》參考資料，皆取自「《法鼓全集》2020 紀念版」，作者為聖嚴法師，第二次起不另行列出作者名。

六、古今字及異體字原則上直接以括弧標示出通行字於側，如竒（奇）、鍼（針）等，以便讀者閱讀。

七、字義參考自《漢語大辭典》、《禪宗大詞典》、《中華佛教百科全書》、《佛光大辭典》、《丁福保大辭典》等，不再另行標示。

八、文中所引經論出處，乃透過《CBETA 電子佛典》檢

索,並註明紙本出處,以便讀者回溯原典,其簡稱如下:(一)《大正新修大藏經》簡稱《大正藏》;(二)《卍新纂大日本續藏經》簡稱《新纂卍續藏》;(三)《嘉興大藏經》簡稱《嘉興藏》;(四)《大藏經補編》簡稱《補編》;(五)《乾隆大藏經》簡稱《龍藏》;(六)《國家圖書館善本佛典》簡稱《國圖善本佛典》;(七)《卍正藏經》簡稱《卍正藏》;(八)《中國佛寺史志彙刊》簡稱《志彙》。

目次

禪宗典籍系列叢書總序｜**釋果鏡** ⋯⋯⋯⋯ 003
編輯說明（凡例） ⋯⋯⋯⋯ 006

《三峰派參禪鍛鍊指南》導讀｜張雅雯 ⋯⋯⋯⋯ 010
晦山戒顯《禪門鍛鍊說》引言｜蔣明親 ⋯⋯⋯⋯ 028

禪門鍛鍊說

1	鍛鍊說十三篇自序	034
2	堅誓忍苦第一	042
3	辨器授話第二	050
4	入室搜刮第三	068
5	落堂開導第四	082
6	垂手鍛鍊第五	092
7	機權策發第六	104
8	奇巧回換第七	118
9	斬關開眼第八	132
10	研究綱宗第九	146
11	精嚴操履第十	168
12	磨治學業第十一	186
13	簡練才能第十二	204
14	謹嚴付授第十三	222
15	禪門鍛鍊說跋	236

《三峰派參禪鍛鍊指南》導讀

　　《三峰派參禪鍛鍊指南》內容包含該派創祖漢月法藏（1573－1635）〈參禪四十偈〉，以及第三代名僧晦山戒顯（1610－1672）《禪門鍛鍊說》與仁山寂震（1631－1697）〈參禪第一步要訣〉共三冊。於晚明清初，禪門祖師撰擬參禪鍛鍊著作以矯正時弊者，如雲棲袾宏（1535－1615）《禪關策進》，曹洞宗湛然圓澄（1561－1627）《宗門或問》、無異元來（1576－1630）《博山參禪警語》，臨濟宗天童派費隱通容（1593－1661）《祖庭鉗鎚錄》，以及禪門尊宿憨山德清（1546－1623）的〈觀心銘〉與〈初心修悟法要〉等。❶導讀本系列內容重點與特色前，或可先談談在這麼多參禪鍛鍊著作中，為什麼特別選擇三峰派的著作？而此三位祖師（下文稱漢月禪師、戒顯禪師、寂震禪師）著作又可於修行路上提供什麼協助？

為何選擇三峰派：契機應緣多元化導之翹楚

聖嚴法師曾於西方主持禪七時為禪眾講解〈信心銘〉，理由是「因為它們為禪法提供了明白的指引」。❷ 在禪宗不立文字與文字禪的論辯中，有視經教與宗門公案、綱宗、語句等文字為雜毒或妄念而訶斥者，如中晚唐祖師禪、分燈禪的訶佛罵祖、棒喝機鋒，更有以「雜毒」譬喻語言文字無益或不利於修行者。❸ 但亦有禪師認為不可一概而論，主張將修行的過程與方法說清楚，有利於參禪人學習，而晚明清初的三峰派便是箇中代表。正如《法華經》〈方便品〉所示，佛陀有對菩薩「正直捨方便，但說無上道」的一面；亦有順應天人深心所欲，「更以異方便，助顯第一義」的一面。❹

漢月禪師之著作與修行相關者，如《三峰禪師開發工夫語錄》、《於密滲提寂音尊者智證傳》、《三峰和尚心懺》、《三峰禪師語錄・淨土直指》，以及《弘法戒儀》等，❺ 呈現了禪學、經教、懺悔、淨土、戒律等多元化導的面向。三峰派禪師透過多元方便循序引導僧俗弟子修證，而後直指自性，此番用心蘇州士子頗能體會並領納受益。順治 14 年（1657），聖恩寺藏經閣建成，吳偉業〈藏經閣碑記〉文末頌言可以為證：

> 鄧尉古道場，眾山盡環繞；
> 有一善知識，親遇金輪王。
> 手持玉庫經，開演一大藏；
> 百年化宮壞，乘願迺再來。
> 吼若獅子威，直標正法眼；
> 臨濟大宗旨，文字本不留。
> 方便利眾生，何所不融攝；
> 但能去纏縛，不落義解門。
> 即此文句身，足證圓滿智；
> 如來廣長舌，八萬四千言。
> 於一卷卷中，各滴醍醐味；
> 於一字字內，各貯摩尼珠。❻

　　吳偉業以「臨濟大宗旨，文字本不留。方便利眾生，何所不融攝。」充分表達三峰派藉由文字方便化眾的立場──宗門雖說不立文字，但也須以綱宗為正法眼藏，透過經教方便以攝眾。重點在於應機而用，但凡不被文字纏縛、不落入義解窠臼，則文字內自顯佛性（摩尼珠）。

　　漢月禪師曾說：「觀風化物無一定之機，因語識人有差別之智；會得總非死句，活人貴在通方。」❼ 言明教育學人貴在應機活用，看待文字的關鍵不在於「能否使用」，

而在於「如何善用」、如何靈然自在地活用。例如：三峰派第三代潤光澤禪師（1611－1682）以詩歌、尺牘作佛事，時人陳聞道評其「究竟窮極，不存軌則」地活用一千七百則綱宗語句，契機契緣地接引不同對象，雖以言句、文字表現，卻能超脫言句、文字而傳心，使眾生突破障礙而顯現自性。❽ 此乃晚明清初三峰派祖師著作之特色：縱然以語言文字為工具，然能活用、善用，而不僵化、不執著，將他人視之為雜毒、修行阻力的語言文字，巧妙轉化為修行助力。

三峰派參禪鍛鍊著作輔助修行之功：體系化通盤指引

　　禪門師家於生活中隨緣任運、於日用中應機而化，對言教之利用極其自由，師徒間的活潑對話被記錄為公案，並以之為教化工具。不過值得注意的是，晚明清初江南禪門刊刻語錄之風盛行，導致語錄品質良莠不齊，寂震禪師便曾就當時一些禪師誇耀學識、欺瞞天下、說行不一的情況，感嘆道：「仔細詳審他說在一邊，行在一邊。往往開著口如黃河奔瀉，長篇大章寫出來、大部語錄刻將去。」❾ 在此脈絡下，若欠缺「揀擇正法」的眼光，很容易誤入歧路。加上禪師語錄大多順著時間記錄，所載錄的或是面對具體場景開示之法語、或是針對特定對象於特定情境下的點撥，自然比較

難形成系統性的架構。相較之下,禪師特意為參禪鍛鍊撰擬之著作,可以呈現禪師對參禪鍛鍊過程的整體安排,於禪子修行可以發揮通盤指引之功。

《三峰派參禪鍛鍊指南》所選三部著作,是歷經千錘百鍊的漢月、戒顯、寂震三位禪師,為參禪鍛鍊所撰寫的系統化指引。誠如戒顯禪師論「參學」二字,強調不可重「學」而棄「參」,更不可單「參」而廢「學」(詳見本書後文《禪門鍛鍊說》,茲不贅引);必須真參實學,窮盡萬法而不留一法是「真直捷」,徹盡大法小法、一切綱宗而罵除綱宗是「真獨脫」,勉勵師家只有全盤通透後,方能忘卻綱宗語句、不留一法地活用,如同遍歷九州四海、名山大川後,歸於本處而忘盡途中影子,才是「真到家」。此外,寂震禪師認為諸佛觀機逗教、諸祖應病與藥,教家有五時、四教之分判,而禪宗諸祖藥方也該有系統化的引導;因此,他為禪子述記《金剛三昧經通宗記》,於〈懸談〉提出「於無漸次中作漸次」❿之見解。

三峰派漢月禪師、戒顯禪師、寂震禪師的三部參禪鍛鍊著作,乃晚明清初三峰派實際修行所用,三者構成了從初學禪子到開法祖師的通盤指引系統。此中更聚焦以話頭為方法之指引,三峰派重視話頭的態度源自漢月禪師,他曾勉勵參禪者專以話頭為做工夫的方法:「只是去不得底話頭拼命

疑去,久久不懈、懈了再發。」⓫而戒顯禪師則於《禪門鍛鍊說》明白指示,師家應隨學人上、中、下根器而示以不同話頭。仁山寂震〈參禪第一步要訣〉第 11 則,亦視話頭為開悟解脫的要道:「若欲了生死,只在話頭去不得處了,更無別法與汝方便。」(茲不贅引,詳本書後文)三峰派對話頭之重視可見一斑。

三部參禪鍛鍊著作之個別特色

　　三位祖師之三部著作雖然都以參禪鍛鍊為主題,同樣都展現了重視五家綱宗、臨濟宗旨的三峰家風。但是,三者間還是有所不同:其一,所涵蓋修行過程的範圍不同;其二,對話對象有所差異。黃繹勳分析漢月禪師此作架構具備六種深淺程度的提示:初學者、初參禪者、稍有體會、較深體會、已證悟、已住院;⓬而仁山寂震〈參禪第一步要訣〉則僅涵蓋〈參禪四十偈〉前五個階段。就對象而言,〈參禪第一步要訣〉主要乃就未悟的參禪者提示如何開悟見性,最末勉勵初悟後應遍參諸方長老,並提供機鋒問答的注意事項,算是給學生看的教學輔助教材。而戒顯禪師的《禪門鍛鍊說》則是針對已悟師家的叮嚀,專為禪門長老闡明鍛鍊方法,像是禪門的教師手冊,重點在於對長老師家闡述使用綱

宗的效果,以及不用綱宗之缺失。相較之下,〈參禪第一步要訣〉並未涵蓋此部分。

此外,闡釋風格亦有不同。漢月禪師〈參禪四十偈〉以詩偈表現,可使語言留下最大的空間。❸ 戒顯禪師《禪門鍛鍊說》以散文著述,但以兵法為喻,有其隱約、不說破的的闡釋風格,亦是留下較大空間令讀者自行體會。而寂震禪師〈參禪第一步要訣〉則是更為淺白的語錄記載,處處流露顧念初學者、鈍根學人的婆心。進一步比較後兩者,聖嚴法師曾評析戒顯禪師《禪門鍛鍊說》宗說兼通,以善巧方便行毒辣鉗鎚,頗有大慧宗杲之風。❹ 而寂震禪師則展現了對學人修行過程循序引導的體恤之心,認為不論棒喝、話頭、綱宗與語句皆可援引為方便,最終再直截地導之歸心見性,其於天台寶華院陞座時曾言:「只得向無文字處立文字,無言論處立言論;汝須猛著精彩領取,倘能一語知歸,便得永劫受用也。」❺ 頗能呼應〈參禪第一步要訣〉從般若空性中善用文字、言論方便的特色。

三部著作之重點與對應關係

就漢月禪師〈參禪四十偈〉與寂震禪師〈參禪第一步要訣〉兩相比較,相同處有二:一為總數同樣是四十則,

二為排列上同樣是依參禪過程加以循序提點。〈參禪第一步要訣〉對工夫進境的逐步提示主要在第二部分的二十九則，與〈參禪四十偈〉的前五階段互有關涉，寂震禪師有其學習〈參禪四十偈〉之處，亦有其老婆心切具體提點、延伸闡示之特點。戒顯禪師《禪門鍛鍊說》則是相應於〈參禪四十偈〉最末九則，屬於對已開法住院師家之叮嚀與期許。

據長谷部幽蹊考證，《禪門鍛鍊說》為順治18年（1661）戒顯禪師移駐黃梅四祖山時成稿。❶ 讀戒顯禪師此作，必先了解其撰作背後之苦心，自〈跋〉提及當時因緣：「余實見晚近禪門，死守成規、不諳烹鍛，每致真宗寂寥、法流斷絕。」萬不得已，他為禪門諸山長老立下此作以圖力挽狂瀾。然而，戒顯禪師禪風孤峻，禪鍛豈容落文字窠臼囉唆，雖成新文，然切要關鍵在於「悟即不無」，所見文字般若，皆乃禪師悟後由般若智流出的種種活用方便，破除陳規舊習之靈活鍛鍊；因此，自〈跋〉最後勸誡禪門長老使用《禪門鍛鍊說》時，切莫將此作執為實法而「講鉗鎚、論鍛鍊」不知通變，否則會將此作美意翻成罪過。

觀其內容，立論基點在於「禪門法脈傳承是否興隆，關鍵在於師家是否明綱宗、懂鍛鍊」。戒顯禪師認為師家若不懂鍛鍊手段，上好的龍象人才栽在手裡也盡成廢器；如若師家懂得出奇招、活用鍛鍊方法，縱然是中下資器的

學生也能鍛成良材,一禪期也能省發數十人。因此,進一步闡述當老師應熟練賓主、玄要、照用、料揀,對於何等法、應何等機要能瞭然於胸,當學生此法用不上力時,必須眼明手快地置換他法以幫助學人透脫牢關。他批判當時完全捨棄綱宗不用的師家,機境當前卻不能勘辨、不懂變通;另一類只懂得談本體禪,對五家綱宗不熟、只能固守死法的師家,鍛鍊的門人縱然開悟也只是「藥汞銀禪」(如水銀而不是真銀),僥倖過關卻無法徹悟,日後無以承擔大任。為法門鍛鍊龍象、續佛慧命,是戒顯禪師著作《禪門鍛鍊說》的悲心與深意。

戒顯禪師以兵法譬喻高明的禪鍛方法,精要在於出奇兵、對機活用。第一,師家必須仔細觀察禪子的狀況,於禪眾入門時先判定人才高下、勘驗參學深淺,再根據學生的身心狀況於禪堂內出其不意、攻其不備地逐一應對,或攔胸、劈頭、深錐、用掌,或照用、或棒喝,千鎚千鍊、百縱百擒地掃盡識情、知見。第二,師家必須視禪堂為戰場,於兩軍交戰時切忌墨守成規。

《禪門鍛鍊說》重綱宗、以兵喻禪的特色,在於對綱宗側重「用」而非「講」。「研究綱宗第九」強調師家在「既悟」之後應對五家綱宗、臨濟宗旨「溫研密諗,務徹古人堂奧」,目的在於「用」之以化人。戒顯禪師以「未

悟之綱宗不必有,既悟之綱宗不可無」,明確指出綱宗的使用者是已經開悟的師家,視綱宗為師家鍛鍊學人不可或缺的手段,蘊藏於胸,方可有千變萬化之運用,認為師家若不用綱宗、單用棒喝,容易「莽鹵成風」。同時,他認為對尚未開悟的學人提倡綱宗,容易流於知解,反而有障塞悟門之弊。因此鼓勵「師家」重於「用」綱宗,而非對「學人」「講」綱宗。

另一方面,寂震禪師則是除了「用」綱宗外,也展現婆心禪的一面,願意以「講」開解「學人」。具體鍛鍊手法上,兩人重視綱宗、活用方便的精神是共同的;但兩者則在於對綱宗的運用時機、對「用」或「講」的側重,則有所差異。〈參禪第一步要訣〉依參禪學人修行進程給予逐步提示,最末三則便是宗門言句的使用要點。這位願對學人婆心闡明的寂震禪師,在當時禪門的影響力亦不容小覷,葉燮(1627－1703)稱寂震禪師為當時臨濟宗第一人,描述其禪風為:「師於宗旨直透一著外,時時深研教典以證密修,徹鉅細、融本末,無大不包、無微不入。」❶秦松齡則讚譽寂震禪師為:「賦性剛直、勇於任事,一生承接師法、提倡宗旨。」❶其參禪鍛鍊著作於清初一直到清代中期,從重新刊刻便可見其持續的影響力。

〈參禪第一步要訣〉為康熙 3 年(1664)寂震 35 歲

初分座接機時所作，後於35歲至41歲（康熙4年至10年，1665－1671）主法天台寶華院及住華頂峰茅棚時，均曾用之鍛鍊參禪學人。筆者考據《仁山和尚寶華語錄》目前所見留存三種版本：單卷本之刻本、鈔本，以及兩卷本之刻本。單卷本刻本卷末的末行記載著「香嚴居士刊」，此位香嚴居士是周錫瓚（1742－1819），單卷本刻本即本書所用版本。⓳

其內容可概分為「看話頭的基本態度」、「依工夫進境逐步提示」、「總結」三部分。開頭第1至8則為參禪基本態度之提醒，開宗明義便論參禪工夫不在經教而在看話頭，並警醒參禪人常見的問題與過失。末尾第38至40則為寂震禪師以宗門言句的使用要點作為總結。中間第9至37則為參禪引導的主要內容，就如何參話頭、透關開悟、遍參之機鋒問答等要訣，依工夫進境逐一提點，又可分為四階段：

1. 階段一對初學者起手式的提示（第9至12則）：包括信此為出生死法、「生死事大」的關鍵為心、只在話頭去不得處了生死、工夫得力處急須努力向前。

2. 階段二對參禪者的初步提示（第13至21則）包括：向情識去不得處、絕情絕理、絕思量計度、截斷意根，莫墮靜境界在黑山鬼窟，莫認昭昭靈靈的為自己。

3. 階段三對參禪者的進階提示（第22至30則）：包括將話頭提起於一切作為處看是甚麼道理，莫作奇特看，先須具擇法眼方參請得力，貴在事上著力、日用應緣處透脫，欲斷命根直須向智識不及處挨拶、忽然挨開一線信口道箇囡字等。

4. 階段四對已悟者機鋒問答與遍參的提示（第31至37則）：包括鼓勵已悟者不可以見聞為礙，才能進一步至處處無礙淨光。並就參學之機鋒問答提示非語莫辯、須通語脉、深辨來風等；欲機用變通無礙須見量徹底消亡；須向交加結角去不得處參，工夫方能得力；貴須吐露胸中底蘊、決擇心中疑礙等。

寂震禪師認為臨濟宗旨如織布般有經、有緯。如經之常，存在著可依循的法則；如緯之變，而有變通活用。所以，老師在鍛鍊的「用」上固應變化萬端（緯之變），但學生亦應認識基本規則（經之常）：必須識得語、句，了解一句中有賓主、照用、權實，有逆用句、順用句，有句、無句等等。

綜論之，三峰派闡揚五家綱宗並於參禪鍛鍊上具體實踐，漢月禪師〈參禪四十偈〉乃綜覽整體修行過程之精要指引，過程涵蓋初學到開法為師。戒顯禪師《禪門鍛鍊說》側重鍛鍊實踐之「用」，是對師家如何活用綱宗鍛鍊的具體指

引。寂震禪師〈參禪第一步要訣〉則著眼於對學人的輔導，在「用」之外，有著婆心而「講」、對學人循循善誘的一面。

延伸閱讀建議

　　三位祖師的參禪鍛鍊著作距今三百餘年，其用語或因時代隔越而有難解之處，校閱本不宜以今註古，然考量本系列叢書兼具提供實修者參考之用，故除引據禪籍註解外，亦於提要或註腳以聖嚴法師禪修指引系列開示加以補充說明，期能提供當代讀者實修對照參考，並方便依此自行深入閱讀。

　　此外，有興趣了解三位祖師生平或其他參禪鍛鍊著作者，可進一步參考晚近學界之研究成果，如黃繹勳於2019年就漢月禪師之新發現文獻《於密滲禪病偈》、《於密滲參禪諸偈》、《海虞三峰於密滲和尚普說》、《於密滲宋元三尊宿做工夫因緣邪正註》等文獻之校讎與解讀。❷⓪廖肇亨與周玟觀之研究，包括戒顯禪師詳細生平、遺民僧身分、儒佛關係看待，以及《禪門鍛鍊說》內容之分析。廖肇亨以《禪門鍛鍊說》仿《孫子》體例，考據其以兵喻禪最早源自大慧宗杲的「寸鐵殺人」，並從禪家闡揚綱宗的脈絡——惠洪覺範強調綱宗、紫柏真可建構綱宗、漢月禪師實踐綱宗，評析

戒顯禪師明確分判五家綱宗乃三峰家法之表現；周玟觀則從文學譬喻面向對《禪門鍛鍊說》提出分析。㉑對寂震禪師生平、著作、體系化禪學思想之研究，可參閱筆者博士論文，有關〈參禪第一步要訣〉詳細分析，另可見〈論三峰派仁山寂震之參禪第一步要訣〉一文；此外，寂震禪師擅長以多元化著作與弘化方式接引大眾，於懺法、詩作等亦呈現了體系化引導之特色，此可見有關仁山寂震〈廣寒山詩〉、《大般若懺法》之研究。㉒以上線索可供有興趣深入之讀者進一步參閱。

結語

　　漢月禪師〈參禪四十偈〉對象包含學人與師家，以詩偈抽象呈現三峰派參禪鍛鍊之大體精要；戒顯禪師《禪門鍛鍊說》以師家為對象，側重如兵法奇巧的綱宗之「用」；寂震禪師〈參禪第一步要訣〉則是以未悟的參禪者為對象，不吝以講說陳明綱宗、語句，提示如何開悟見性，並提供機鋒問答的注意事項、鼓勵初悟後遍參諸方以徹悟，是禪子修行參考的輔助教材。三位祖師著作提供從初學到為住山開法為師的循序引導，裨益修行人於過程有所依循，不吝於直指外以文字方便接引禪眾，充分流露出禪師悲憫眾生、願正法久

住之心。希冀藉由《三峰派參禪鍛鍊指南》之白話校註,得略略傳遞三位祖師蘊藏於正法眼藏之智慧與慈悲,借其心光以映照當代讀者之心。

張雅雯

中華佛學研究所助理研究員

2024 年 6 月 26 日

❶ 聖嚴法師論晚明禪師重視鍛鍊方法之撰作,即列舉此六筆著作與《禪門鍛鍊說》,見釋聖嚴,《明末佛教研究》,《法鼓全集》第 1 輯第 1 冊,頁 80-88。此外,聖嚴法師《禪門修證指要》所收錄二十四篇文獻,晚明清初則選錄雲棲袾宏、無異元來、憨山德清、晦山戒顯四人著作,見《禪門修證指要》,《法鼓全集》第 4 輯第 1 冊,頁 169-250。

❷ 釋聖嚴,《心的詩偈——信心銘講錄》,《法鼓全集》第 4 輯第 7 冊,頁 5-6。

❸ 有關祖師禪、分燈禪之不立文字,見周裕鍇,《禪宗語言》,上海市:復旦大學出版社,2020 年,頁 5-6。有關「雜毒」的說法與深入研究,賴霈澄指出《羅湖野錄》以後禪宗內部以「雜毒」泛指雜文字,並分析大慧宗杲現存語錄之「雜毒」,泛指參禪者抱持的錯誤迷思,執於學解、執於禪境的不純之心。賴霈澄,〈論禪門詩偈選集之流變——以《禪宗雜毒海》為例〉,《中華佛學研究》第 21

期（臺北：中華佛學研究所，2020 年 12 月），頁 77-78。
❹ 出處見後秦・鳩摩羅什譯，《妙法蓮華經・方便品》：「今我喜無畏，於諸菩薩中，正直捨方便，但說無上道。」（《妙法蓮華經》卷 1，《大正藏》冊 9，第 262 號，頁 10 上 18-19）以及「天人群生類，深心之所欲，更以異方便，助顯第一義。」（《妙法蓮華經》卷 1，《大正藏》冊 9，第 262 號，頁 8 下 9-10）
❺ 有關漢月法藏新出文獻，見黃繹勳，《漢月法藏禪師珍稀文獻選輯（一）》，高雄：佛光文化，2019 年。以及黃繹勳，〈明末漢月禪師《三峰和尚心懺》略探和點校〉，《佛光學報》新 7 卷第 2 期（高雄：佛光大學佛教研究中心，2021 年 7 月），頁 1-45。
❻ 周永年編，《鄧尉山聖恩寺志》卷 8，收錄於杜潔祥主編，《中國佛寺史志彙刊》冊 42，臺北：明文書局，1980 年，頁 285-286。
❼ 明・弘儲記，《三峰藏和尚語錄》卷 16，《嘉興藏》冊 34，第 B299 號，頁 210 下 22-25。
❽ 清・陳聞道於〈正覺潤光澤禪師澡雪集序〉，形容正覺潤光澤：「形諸言句謂之文字禪，鏟去言句謂之祖師禪。總然鏤塵雕雪，得無眼中金屑耳？從上千七百則，諸方正襟而談，言句乎？文字乎？潤翁大師究竟窮極，不存軌則……諸方用陞堂入室為傳心，大師以詩歌尺牘作佛事……但能了然一句，勿誇念佛千聲。」清・正覺潤，《正覺潤光澤禪師澡雪集》，《嘉興藏》冊 39，第 B458 號，頁 705 上 1-24。
❾ 清・仁山寂震，《仁叟和尚語錄》（刻本殘卷）卷 10，蘇州：西園寺藏，影本見佛光大學佛教研究中心藏《明清佛教稀見文獻》第 106 冊，頁 11。
❿ 清・仁山寂震，《金剛三昧經通宗記・懸談》卷 1：「凡八品，而品品圓融互攝。依法修行，雖有八位，皆於無漸次中作漸次耳。」

（《新纂卍續藏》冊 35，第 652 號，頁 260 上 9-10）

⑪ 見漢月法藏《海虞三峰於密滲和尚普說》內容，收錄於黃繹勳，《漢月法藏禪師珍稀文獻選輯（一）》，高雄：佛光文化，2019年，頁 257-258、268。

⑫ 黃繹勳，《漢月法藏禪師珍稀文獻選輯（一）》，高雄：佛光文化，2019 年，頁 237-239。

⑬ 黃敬家認為詩偈並非「開口處」，而是作為禪師悟境的代指，使語言留下最大的空間。黃敬家，〈寒山及其詩在宋代禪林的迴響：以禪師的引用為中心〉，《東吳中文學報》第 28 期（臺北：東吳大學，2014 年），頁 83。

⑭ 《禪門修證指要》，《法鼓全集》第 4 輯第 1 冊，頁 251。

⑮ 清・覺悟、海本記，《仁山和尚寶華語錄》，蘇州：西園寺藏，影本見佛光大學佛教研究中心藏《明清佛教稀見文獻》第 106 冊，頁 2-3。

⑯ 長谷部幽蹊，〈三峰一門の隆替〉6，日本：《愛知学院大学論叢一般教育研究》33 卷 4 號，1986 年，頁 59-80。

⑰ 清・葉燮，〈鄧尉聖恩仁叟震禪師塔誌銘〉，《已畦詩文集》卷 16，《四庫全書存目叢書》集部第 244 冊，臺南：莊嚴文化，1997年，頁 164-165。

⑱ 清・秦松齡，〈華頂仁叟震禪師塔銘〉，《蒼峴山人文集》卷 5，收錄於《清代詩文集彙編》第 147 冊，上海：上海古籍出版社，2011 年，頁 708。

⑲ 有關〈參禪第一步要訣〉現存文獻版本考據、撰著及使用背景分析等，詳見張雅雯，〈論仁山寂震參禪第一步要訣〉，《法鼓佛學學報》第 29 期（新北：法鼓文理學院，2022 年），頁 121-129。

⑳ 黃繹勳說明漢月法藏於 1619 年住三峰清涼禪寺作《於密滲禪病

偈》、《於密滲參禪諸偈》，1626 年前後住蘇州北禪寺教學於《於密滲宋元三尊宿做工夫因緣邪正註》舉大宗慧杲（1089-1163）、雪巖祖欽（1216-1287）、高峰原妙（1238-1296）如何做工夫，另有《海虞三峰於密滲和尚普說》等相關文獻之校讎、版本、內容說明。黃繹勳，《漢月法藏禪師珍稀文獻選輯（一）》，高雄：佛光文化，2019 年，頁 219-221、237-240、253-258、286-289。

㉑ 廖肇亨，《倒吹無孔笛──明清佛教文化研究論集》，臺北：法鼓文化，2018 年，頁 477-496。周玟觀從詞彙層面分析《禪門鍛鍊說》中兵法喻的詞彙映射至禪門鍛鍊域中的情形，分成兩類討論：通喻禪師禪法為兵家兵法、別喻禪門鍛鍊的施設方法與心態。周玟觀，〈爐鞴與兵法──晦山戒顯《禪門鍛鍊說》的兩種概念譬喻探析〉，《臺大佛學研究》第 39 期（臺北：臺大佛學研究中心，2020 年），頁 93-144。晦山戒顯詳細生平考據與評價，另見周玟觀，〈半生幸入三峰社──從晦山戒顯看清初遺民僧的日常生活〉，《佛光學報》新 7 卷第 1 期（宜蘭：佛光大學，2021 年），頁 29-73。

㉒ 寂震禪師生平、著作、禪學思想之介紹，見張雅雯，《清初三峰派仁山誅震研究──活用印心與印法以重構臨濟宗》，新北：法鼓文理學院佛教學系博士論文，2021 年。從禪、詩、懺等不同面向剖析寂震體系化禪學論述，詳參張雅雯，〈三峰派參禪鍛鍊：論仁山寂震之參禪第一步要訣〉，《法鼓佛學學報》第 29 期（新北：法鼓文理學院，2021 年），頁 116-157。張雅雯，〈以詩證禪：仁山寂震〈廣寒山詩〉揭顯之三峰宗風〉，《法鼓佛學學報》第 30 期（新北：法鼓文理學院，2022 年），頁 55-90。張雅雯，〈三峰派之懺與禪：論仁山寂震《大般若懺法》〉，《臺大佛學研究》第 46 期（臺北：臺大佛學研究中心，2023 年），頁 107-166。

晦山戒顯《禪門鍛鍊說》引言

晦山戒顯禪師（1610－1672，以下簡稱「戒顯禪師」），字願雲，號晦山，又號罷翁，明神宗萬曆 38 年生於太倉（今江蘇省蘇州境內），為具德弘禮禪師（1600－1667，以下簡稱「弘禮禪師」）㉓之法嗣。俗名王瀚，字原達，年少時受業於宿儒張采（1596－1648），文章與同學吳梅村（1609－1672）㉔齊名。據〈晦山戒顯老和尚塔銘〉，他未出家前曾聽聞舅父講述天台教義，雖已成婚，但因接觸佛法後生死心切，故而參謁語風圓信禪師（1571－1647）㉕及瑞光宏徹禪師（1588－1648）㉖，再至密雲圓悟禪師（1566－1642，以下簡稱「密雲禪師」）處，密雲禪師授予法名通曉，但之後被家人勒歸。後來父親過世，妻子亦亡故，至明思宗崇禎 17 年（1644）甲申之難㉗，明社覆亡，時年 35 歲的他裂儒冠及詩書等，至孔廟慟哭焚之，然後上金陵（今江蘇省南京市）從律宗千華派的三昧寂光律師（1580－1645）㉘出家並受具足戒，因替寂光律師校正《梵網經直解》，而精研律學。㉙同年冬，他首參弘禮禪師於皋

亭（今浙江省杭州市北郊）的顯寧寺。關於其悟道因緣，有說因參「雲門拄杖子」❸⓪公案而開悟，另一說是參「雲門扇子」❸①不得入處，而後聽到弘禮禪師學小兒聲才豁然大悟。清世祖順治 6 年（1649）冬，戒顯禪師隨弘禮禪師至杭州佛日寺結制，於臘八日，受弘禮禪師囑付承嗣法脈。隔年，戒顯禪師隱於廬山，訪諸廬山慧遠大師（334－416）❸②故址。之後，42 歲的戒顯禪師於江西雲居山開法，不僅率領大眾耕作、重振叢林，並著手編撰《雲居山志》等，在此駐錫了十年後，展轉移錫至黃梅四祖等道場。清聖祖康熙 5 年（1666）冬天，原駐錫杭州靈隱寺的弘禮禪師轉駐徑山寺，隔年杭州士紳請戒顯禪師繼席靈隱。戒顯禪師在靈隱寺駐錫五年，康熙 11 年（1672）因病辭眾，於同年閏 7 月 17 日捨報，享壽 63 歲。其著作，依《新續高僧傳》及《武林靈隱寺志》記載，有《禪門鍛鍊說》、《現果隨錄》、《佛法本草》、《鷲峰集》以及語錄詩文集若干卷。本書所討論的《禪門鍛鍊說》共 1 卷，又稱《禪林鍛鍊書》❸③，其著作時間，據自序云：「歲次辛丑孟春上元日❸④住雲居晦山僧東吳願雲戒顯自識。」又，文末跋的署名為「晦山叟復書於黃梅四祖方丈」，由此可知，《禪門鍛鍊說》始著於戒顯禪師駐錫在雲居山真如禪寺的時候，而完成此書時，戒顯禪師已轉駐四祖寺。❸⑤整體而言，《禪門鍛鍊說》可說是戒顯禪師為

了禪林長老們所寫的「鍛禪計畫書」,他針對當時禪林的流弊,以自身訓練學人的經驗,參考歷代古德鍊眾的方法與準則,模仿《孫子兵法》的架構及其練兵之原理,有層次地說明將禪眾鍛鍊成才的步驟,對於已成師家的長老們來說,本書極具參考價值。㊱

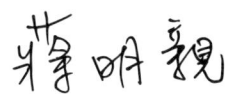

蔣明親

㉓ 弘禮禪師:也稱靈隱弘禮、靈隱道人。俗姓張,為漢月禪師之法嗣。明崇禎 11 年(1638)住持雲門光孝寺,為一代古德典範,學人爭相依之。弘禮禪師前後曾駐錫十剎,唯獨靈隱寺住錫最久,法席興盛。晚年退居徑山,清康熙 6 年(1667)轉駐維揚天寧寺,七日後,於 10 月 19 日示寂,享壽 68 歲。之後,弟子以陶龕封函,迎歸靈隱寺,存有《具德禮禪師語錄》30 卷。(詳見趙一新編,《靈隱寺志》,杭州:杭州出版社,2006 年,頁 57。以及清・超永編,《五燈全書》卷 69,《新纂卍續藏》冊 82,第 1571 號,頁 329 中 3- 頁 330 上 15)

㉔ 吳梅村:吳偉業,號梅村,明末清初著名詩人,與錢謙益、龔鼎孳並稱江左三大家。見林元白,〈晦山和尚的生平及其禪門鍛鍊說〉,《中國佛教史論集(六)──明清佛教史篇》,臺北:大乘

文化，1977 年，頁 89-90。

㉕ 語風圓信禪師：又稱雪嶠圓信、雪橋圓信、天童雪嶠，為幻有正傳禪師（1549-1614）法嗣。

㉖ 瑞光宏徹禪師：又稱項目宏徹、項目弘徹，為漢月禪師法嗣。

㉗ 甲申之難：明思宗崇禎 17 年（1644），李自成大順軍攻入北京，崇禎帝自縊。

㉘ 三昧寂光律師：律宗千華派之祖，為古心律師法嗣。

㉙ 明·寂光直解，《梵網經直解》卷 2，《新纂卍續藏》冊 38，第 697 號，頁 874 下 22- 頁 875 上 2。

㉚ 雲門拄杖子：公案名，又稱「雲門拄杖化龍」。宋·守堅集，《雲門匡真禪師廣錄》卷 2 云：「師或拈拄杖示眾云：『拄杖子化為龍，吞卻乾坤了也，山河大地甚處得來？』」（《大正藏》冊 47，第 1998 號，頁 558 中 23-24）

㉛ 雲門扇子：公案名。《雲門匡真禪師廣錄》卷 2 云：「舉，僧問乾峯（唐代越州乾峯禪師）：『十方薄伽梵，一路涅槃門，未審路頭在什麼處？』峯以拄杖劃，云：『在者（這）裏。』師拈起扇子云：『扇子勃跳上三十三天，築著帝釋鼻孔，東海鯉魚打一棒，雨似盆傾相似，會麼？』」（《大正藏》冊 47，第 1988 號，頁 555 上 3-7)

㉜ 廬山慧遠大師：淨土宗初祖，創廬山白蓮社。

㉝ 藍吉富主編，《禪宗全書》冊 34，臺北：文殊文化有限公司，1988 年。

㉞ 即清順治 18 年（1661）的正月 15 日。

㉟ 有關戒顯禪師之生平，除參見《禪門鍛鍊說》（《新纂卍續藏》冊 63，第 1259 號，頁 774 中 6- 頁 786 中 5）、清·紀蔭編纂，《宗統編年》卷 32（《新纂卍續藏》冊 86，第 1600 號，頁 311 上 3-6）、

喻謙著，《新續高僧傳》卷 57（《補編》冊 27，第 151 號，頁 417 上 16- 中 1），以及陳夢雷編，《古今圖書集成選輯》冊 61（臺北：鼎文書局，1976 年，頁 1042）外，〈晦山戒顯老和尚塔銘〉也有其行跡資料。「晦山戒顯禪師全身塔」位於雲居山真如禪寺附近（今江西省九江市永修縣境內），塔文則刻於全身塔的後方護牆上。（大部分塔文，可見於廖肇亨，《倒吹無孔笛──明清佛教文化研究論集》，臺北：法鼓文化，2018 年，頁 480-483）亦可參見杜潔祥主編，《中國佛寺志 23・武林靈隱寺志》（臺北：宗青圖書，1994 年，頁 7 - 8、頁 45、頁 205-206、頁 493-494、頁 631-632）；林元白，〈晦山和尚的生平及其禪門鍛鍊說〉（《中國佛教史論集（六）──明清佛教史篇》，臺北：大乘文化，1977 年，頁 91-92）；周玟觀，〈半生幸入三峰社──從晦山戒顯看清初遺民僧的日常生活〉，《佛光學報》新 7 卷第 1 期（宜蘭：佛光大學，2021 年 1 月），頁 29-73。至於現代雲居山真如禪寺的環境，聖嚴法師（1930-2009）於《五百菩薩走江湖──禪宗祖庭探源》中有介紹，並略述了戒顯禪師在此住錫事蹟。（見《五百菩薩走江湖──禪宗祖庭探源》，《法鼓全集》第 6 輯第 14 冊，頁 165-174）

㊱ 參見《明末佛教研究》（《法鼓全集》第 1 輯第 1 冊，頁 82-83）、《禪門修證指要》（《法鼓全集》第 4 輯第 1 冊，頁 251-252）和《五百菩薩走江湖──禪宗祖庭探源》（《法鼓全集》第 6 輯第 14 冊，頁 173）

禪門鍛鍊說

1

鍛鍊說十三篇自序

　　鍛禪說而擬之孫武子❶，何也？「以正治國，以奇用兵」，柱下之言確矣。❷佛法中據位❸者，治叢林，如治國；用機法以鍛禪眾，如用兵。奇正相因❹，不易之道也。拈華一著❺，兵法之祖，西天四七，東土二三，❻雖顯理

---

❶ 孫武子：即孫武，春秋時期著名軍事家，被尊稱為兵學鼻祖，所著兵法書《孫子》十三篇，被稱為兵書典範。

❷ 柱下：指老子，相傳老子曾為周柱下史。魏·王弼注，《老子道德經》：「以正治國，以奇（奇）用兵，以無事取天下。」（收錄於《文淵閣四庫全書》冊 1055，上海：上海古籍出版社，2003 年，頁 172）

❸ 據位：源自「曲木據位」，原指安坐於曲木禪床之上，後來轉變為擔任住持、指導教化大眾之意。

❹ 奇正：為兵法術語。二方作戰時，以對陣交鋒為「正」，設下埋伏或掩襲為「奇」，如明·唐順之，《武編》前集卷 3 云：「當敵為正，外擊為奇。」（《文淵閣四庫全書》冊 727，上海：上海古籍出版社，2003 年，頁 341）「奇正相因」乃指奇與正互相承襲、相

依而生。如周・孫武著，《孫子》：「凡戰者，以正合，以奇勝，……戰勢不過奇正，奇正之變，不可勝窮也。奇正相生，如循環之無端，孰能窮之哉！」（《文淵閣四庫全書》冊 726，上海：上海古籍出版社，2003 年，頁 48-49）聖嚴法師曾點出，《禪門鍛鍊說》的鍛禪準則，同於《孫子》的練兵原理，皆主張「奇正相因」。（《五百菩薩走江湖──禪宗祖庭探源》，《法鼓全集》第 6 輯第 14 冊，頁 173）

❺ 一著：猶言「一事」，又稱「一著子」。原是指「下棋落一子」之圍棋用語，引申為「一件事」之意，乃禪僧對佛法教理或修行之譬喻。如宋・紹曇記，《五家正宗贊》卷 3：「向上一著，尊貴難明。」（《新纂卍續藏》冊 78，第 1554 號，頁 607 下 12-13）

❻ 西天四七：指禪宗所立之西天二十八祖。以摩訶迦葉為第一祖，付法相承至第二十八祖菩提達摩。東土二三：菩提達摩將禪法東傳，為東土六祖之初祖，經二祖慧可、三祖僧璨、四祖道信、五祖弘忍，至六祖惠能，為「東土二三」。（有關禪門公認之西天二十八祖的形成與發展，可參見釋印順，《中國禪宗史》，新竹：正聞出版社，2003 年，頁 254-257）

致❼，暗合孫吳❽。至馬駒蹴踏❾，如光弼軍，壁壘一變。❿嗣後黃檗⓫、臨濟⓬、睦州⓭、雲門⓮、汾陽⓯、慈

---

❼ 理致：直顯心性理體，指禪師以直截的方式指導學人，乃是「機關」的對稱，如宋・紹隆等編，《圓悟佛果禪師語錄》卷14云：「雖自迦葉二十八世，少示機關，多顯理致。」（《大正藏》冊47，第1997號，頁777上1-2）理致與機關之關係，如兵法之「正」與「奇」，皆是指導學人的方法。《本朝諸宗要集》卷1：「尋云：禪法所立，理致、機關二門者如何？答：理致向上宗風也，機關利萬機。（云云。）但神智云：宗門立理致、機關二門，教化機緣。」（《補編》冊32，第177號，頁468中25-27）

❽ 暗合孫吳：未經商議即恰巧契合孫武、吳起之兵法。如宋・蘊聞編，《大慧普覺禪師語錄》卷14云：「今秦國（指秦國夫人計法真，？-1156，大慧宗杲禪師法嗣）此頌，乃暗合孫吳。爾看他是箇女流，宛有丈夫之作，能了大丈夫之事。」（《大正藏》冊47，第1998A號，頁870上5-6）「孫吳」皆古代兵家，孫武著《孫子》十三篇，吳起著《吳子》四十八篇。

❾ 馬駒蹴ㄘㄨˋ、踏：指唐代的馬祖道一禪師。唐・道一說，《馬祖道一禪師廣錄》：「初六祖，謂讓和尚云：『西天般若多羅讖，汝足下出一馬駒，踢殺天下人。』葢（蓋）謂師也。」（《新纂卍續藏》冊69，第1321號，頁2中2-4）

❿ 光弼：指唐將李光弼（708-764）。壁壘：軍營的圍牆。此為戒顯禪師於清・行悅集，《列祖提綱錄》卷1的序中所述：「如光弼入子

儀軍，壁壘一變。」（《新纂卍續藏》冊64，第1260號，頁1上21）其典故出自唐肅宗（711-762）時，郭子儀（697-781）受鄴城之敗的牽連而被召回長安，朝廷派李光弼帶領郭子儀的軍隊。李光弼上任即整頓軍紀，治軍嚴厲，從士兵軍容、營壘乃至旌旗，都陡然一變。其後，曹洞宗的澹歸今釋禪師（1615-1680）亦於〈楞嚴定解序〉引此譬諭：「又如李光弼，將子儀軍，號令所及，精采悉變。此以真見識、真智慧、真筆力、真學問，而成奪胎之法，揭千聖未闢之祕，以定千秋不決之疑者也。」（清‧靈耀述，《楞嚴經觀心定解大綱》，《新纂卍續藏》冊15，第305號，頁586下21-24）

⓫ 黃檗：唐代黃檗希運禪師（751-850），也稱黃檗斷際，為百丈懷海禪師（720-814）法嗣。

⓬ 臨濟：唐代臨濟義玄禪師（767-866），為黃檗禪師法嗣。

⓭ 睦州：唐代睦州道明禪師（780-877），人稱「陳尊宿」，為黃檗禪師法嗣。

⓮ 雲門：五代雲門文偃禪師（864-949），為雪峰義存禪師（822-908）法嗣。

⓯ 汾陽：北宋汾陽善昭禪師（946-1023），為首山省念禪師（926-993）法嗣。

明❶⁶、東山❶⁷、圓悟❶⁸諸老，虛（虗）實殺活❶⁹，純用兵機。逮乎妙喜❷⁰，專握竹篦❷¹，大肆奇兵，得人最盛。五家建法，各立綱宗❷²，韜略精嚴，堅不可破，而兵法全矣。

---

❶⁶ 慈明：北宋慈明楚圓禪師（986-1039），也稱石霜楚圓，為善昭禪師法嗣。

❶⁷ 東山：北宋五祖法演禪師（1018-1104），為白雲守端禪師（1025-1072）法嗣。

❶⁸ 圓悟：北宋圓悟克勤禪師（1063-1135），也稱佛果克勤、圓悟佛果等，為法演禪師法嗣。

❶⁹ 殺活：原是指下棋時的殺著與活路之稱，引申為斬斷分別妄念、復活本就具足之佛性，用來形容禪師機鋒之運用，如「殺人刀、活人劍」。《圓悟佛果禪師語錄》卷 14：「殺人須是殺人刀，活人須是活人劍。既殺得人須活得，既活得須殺得，若只孤單則偏墮也。」（《大正藏》冊 47，第 1997 號，頁 778 中 7-9）

❷⁰ 妙喜：南宋大慧宗杲禪師（1089-1163），也稱大慧普覺、徑山大慧、妙喜杲等，為圓悟禪師法嗣。

❷¹ 竹篦ㄆㄧ´：禪師指導學人時，用來點醒學人悟道的竹製法具。（參見〔日〕無著道忠，《禪林象器箋》卷 28，《補編》冊 19，第 103 號，頁 782 上 4- 中 7）

❷² 綱宗：指禪門各宗派之綱要宗旨。另，宋代的惠洪覺範禪師（1071-1128）將綱宗改造成具有語言文字層面的知識原則，而稍晚的晦嚴智昭禪師則將綱宗、語句並稱。（參見廖肇亨，《中邊‧詩禪‧夢戲──明末清初佛教文化論述的呈現與開展》，臺北：允晨文化，

自元及明中葉，鍛鍊法廢，寒灰枯木❷❸，坑陷殺人。幸天童悟老人❷❹，提三尺法劍，開宗門疆土。三峰藏老人，繼之，恢復綱宗，重拈竹篦，而鍛鍊復行，陷陣衝鋒，出眾龍象。靈隱本師❷❺，復加通變，啐啄❷❻多方，五花八門，奇計錯出，兵書益大備矣。余昔居板首❷❼，頗悟其法。卜靜匡山，逼住歐阜，❷❽空拳赤手，卒伍全無。乃

2008 年，頁 119）

❷❸ 寒灰枯木：此指死坐冷禪。

❷❹ 天童悟老人：指其師祖密雲圓悟禪師（1566-1642）。

❷❺ 靈隱本師：指其師父弘禮禪師。

❷❻ 啐啄：母雞孵蛋時，小雞若孵化完成欲出殼，其在殼內的吮聲稱之為啐；而母雞從外啄殼，以幫助小雞破殼而出，則稱之為啄。「啐啄」於此比喻禪師與學人之間禪機相應、機鋒往來。

❷❼ 板首：亦稱「班首」，叢林設有四大板首，分別為首座、西堂、後堂、堂主，乃是輔佐長老以鍛鍊學人者。如〔日〕無著道忠，《禪林象器箋》卷 24：「板首者，第一首座，第二西堂，第三後堂，第四後堂分手。」（《補編》冊 19，第 103 號，頁 649 中 6-7）又如清・儀潤證義，《百丈清規證義記》卷 6：「叢林以前四執，目之為四班首，然四中之最重者，首座也。」（《新纂卍續藏》冊 63，第 1244 號，頁 444 上 10-11）

❷❽ 卜：選擇。秦・呂不韋輯，《呂氏春秋》卷 19：「卜相曰成與璜孰可，此功之所以不及五伯也。卜，擇也。」（收錄於《文淵閣四庫

不辭杜撰,創為隨眾、經行、敲擊、移換、擒啄、斬劈之法,一時大驗。雖當場苦戰,而奏凱多俘。用兵離奇毒辣,蓋至極矣。因思人根,無論利鈍,苟❷得鍛法,皆可省悟。以人多執死法,不垂手險崖,雖有人材,多悲鈍置,遂不敢祕,著為鍛禪之說,流布宗門。老師宿衲❸,雖得此說,未必能行矣,豈惟不行,或反嗤議。初踞曲盝❸者,其身英強,其氣猛利,依此兵符,勤加操練,必然省悟多人,出大法將。所願三玄戈甲,永見雄強,五位旌旗,不致偃息。知我罪我,所弗❸惜焉。則雖謂之「禪門孫武子」可也。

　　歲次辛丑孟春上元日住雲居晦山僧東吳願雲戒顯自識

全書》冊848,上海:上海古籍出版社,2003年,頁447)。匡山:即江西省的廬山。逼:指經濟拮据。歐阜:歐山,指江西省的雲居山。

❷ 苟:假如;只要。

❸ 宿衲:指佛門長老。

❸ 曲盝ㄌㄨˋ:為「曲盝床」的略稱,即法座,為禪師說法時的座椅。(即註❸「曲木據位」所指之曲木禪床)

❸ 弗:糾正。

2

堅誓忍苦第一

　　戒顯禪師認為，勤鍛鍊必能開學人眼目，進而培養出可傳承慧命的弟子，但鍛鍊學人的過程極為艱辛，若不先立誓願，恐怕無法耐受身心的勞苦。所以一開始便勸勉長老們，不可竊位盜名，應勤於鍛鍊禪眾，而在鍛鍊禪眾前，自己要先堅發誓願，不怕辛苦、不惜勞累，這就是鍛禪的第一條件。[33]

---

[33] 參見《明末佛教研究》，《法鼓全集》第 1 輯第 1 冊，頁 83。

夫為長老者,據佛祖之正位❹,則應紹❺佛祖之家業;作人天之師範,則應開人天之眼目❻。人天眼目者何?佛性是已;佛祖家業者何?得人是已。為長老而不能

---

❹ 佛祖之正位:乃指從佛陀至祖師以心印心相傳的禪法。宋‧重顯頌古、克勤評唱,《佛果圜悟禪師碧巖錄》卷8:「釋迦老子,說一代時教,末後單傳心印,喚作金剛王寶劍,喚作正位。」(《大正藏》冊48,第2003號,頁201中15-17)又,宋‧延壽述,《宗鏡錄》卷89:「夫正位者,即自真心,入此位中,諸見自泯,入佛境界。」(《大正藏》冊48,第2016號,頁904上18-19)

❺ 紹:承繼。

❻ 人天:六道輪迴中,人間及天上的兩類眾生,合稱「人天」,也常用來泛指整個世間。眼目:用來譬喻某一事物的要點或義理關鍵之處。如北涼‧曇無讖譯,《悲華經》卷8:「有等言語三昧,入是三昧,於諸法中悉得眼目。」(《大正藏》冊3,第157號,頁221中25-26)此外,也可用來表示具有眼界、辨別是非的見識與能力,用來形容禪僧法眼。如明‧袾宏著,《雲棲法彙》卷13云:「妙喜自言,昔時為無眼長老胡亂印證。後見圓悟老人,始得大徹。乃立誓自要,定不以佛法作人情。妙喜可謂大慈大悲,真萬世人天眼目也。」(《嘉興藏》冊33,第B277號,頁41中11-13)戒顯禪師此處的「人天眼目」指的是禪的心髓,即佛性。

使眾生開悟佛性,是謂盜名;據正位而不能為佛祖恢廓㊲人材,是為竊位。然欲使眾生開悟佛性,則其心必苦,非揣摩剝削,曲盡機權㊳,則眾生佛性不能悟也;欲為佛祖恢廓人材,則其身必勞,非勤勇奮厲,痛下鍼(針)錐,則法門人材不能得也。是故為長老者,必先起大願,立大誓,然後顯大機,發大用。㊴誓願者何?初為長老,即當矢㊵之龍天,籲㊶之佛祖,苟能使眾生開悟佛性,則雖磨筋骨,弊㊷精神,如鑿山開道,竭其力而殉之,不應辭也。苟能為法門恢廓人材,則雖彈㊸朝夕,忘寢食,如嚙雪吞氈㊹,捍其苦而為之,不應憚也。

㊲ 恢廓:拓展、擴展之意。
㊳ 曲盡:竭盡之意。機權:指機智權謀。曲盡機權:乃指禪師權衡學人狀況,在適當時機使出各種殺活機用。
㊴ 顯大機,發大用:「大機」指微妙幽玄、不落跡象的禪義。「大用」指禪法之實踐、運用與授受。此指禪師在適當時機活用直指、棒、喝、言句等方式來引導學人開悟佛性。
㊵ 矢:陳述。
㊶ 籲:呼求。
㊷ 弊:耗竭。
㊸ 彈:應為「殫ㄉㄢ」字之假借,乃竭盡之意。
㊹ 嚙雪吞氈:引申為堅持節氣而過著艱苦生活的意思。此語有一典

思人世為父母者，欲得賢子孫，先之以修德積善，廣行陰隲㊺。及得子也，則襁褓之、撫鞠㊻之、顧復㊼之。稍長也，為之延㊽師傅，董藝業㊾，必積數十年勤苦，然後成材，其為心亦苦矣。思武臣欲立功名於邊塞也，必忘頂踵(50)，矢溝壑(51)、蒙霜露、犯荊棘、披堅執銳、寢戈枕

故，漢．班固著，《漢書》卷 54：「單于愈益欲降之，迺幽武置大窖中，絕不飲食。天雨雪，武臥齧雪與旃毛并咽之。」（收錄於《文淵閣四庫全書》冊 250，上海：上海古籍出版社，2003 年，頁 320-321）西漢的蘇武曾出使匈奴，匈奴單于想要脅迫蘇武投降，就把他幽禁在空窖之中，斷絕其飲食。因氣候寒冷，蘇武即以雪與氈毛同咽，艱困度日，始終不屈服。

㊺ 陰隲ㄓ ˋ：即陰德，指暗藏不揚的德行。

㊻ 撫鞠：撫育。

㊼ 顧復：反覆看顧，形容父母之養育。如清．朱鶴齡輯，《詩經通義》卷 8：「顧復，謂父母去之則回視，反覆不能舍也。」（收錄於《文淵閣四庫全書》冊 85，上海：上海古籍出版社，2003 年，頁 190）

㊽ 延：延請、聘請。

㊾ 董：監督、督察。董藝業：監督孩子課業。

(50) 忘頂踵：「頂」為頭頂，「踵」指足踵，以「頂踵」借指全軀。此乃指不顧自身安危。

(51) 矢溝壑：矢溝壑之志。矢，誓也。溝壑形容戰死沙場、棄屍於山溝。

甲、深入不毛、身經百戰，乃至墮指裂膚、腹叢箭鏃、萬死一生，然後博一旦 (52) 之功名，其為身亦勞矣。勞苦如此，宜人人聞風而避，望崖而退矣；而盡古今人，卒甘荼蓼 (53) 而不恤 (54)，蹈湯火而不辭者，以所圖者大，所倚者重，而收功鉅也。

況為長老者，道在津梁三有，濟拔四生，(55) 為從上佛祖增益慧命，為大地眾生開鑿眼目，此何等重任。而顧愛惜勞苦，出教子、立武功者下哉！(56) 既愛惜勞苦，必深

---

(52) 一旦：有朝一日。

(53) 荼蓼ㄊㄨˊ ㄌㄧㄠˇ：泛指田野沼澤間的雜草，比喻處境的艱難困苦。

(54) 恤：憂慮，顧念。

(55) 津梁：橋樑，比喻引導、救度之意。三有：三界（欲界、色界、無色界）之生死境界有因有果，故謂之有。四生：指胎生、卵生、濕生、化生。本句是說長老之道在於引導救度眾生，如唐．冥詳撰，《大唐故三藏玄奘法師行狀》：「法師津梁三界，汲引四生。」（《大正藏》冊 50，第 2052 號，頁 218 下 17）又，《圓悟佛果禪師語錄》卷 4：「杖頭湧出金剛劍，四生九有示津梁。」（《大正藏》冊 47，第 1997 號，頁 731 下 2-3）

(56) 顧：連結詞，反而、卻。愛惜：吝惜、捨不得。出：在、處於。本句是說，禪門長老若只顧著自己而愛惜勞苦，則比前段所述之教子的父母或立功名的將士還不如。

居端拱❺❼，隔絕禪流，養尊處優，晏安自適，等叢林於傳舍，❺❽視禪眾如胡越❺❾，冬期夏制，祇了故文，❻⓿豈不上辜佛祖，仰愧龍天，下負師承，為法門罪人也哉！教中道，菩薩為一眾生，歷微塵劫，受大勤苦，終不疲厭。今禪眾或數十、或百或千，機器❻❶當前，豈止一人而已乎？又云，菩薩為眾生故，捨頭目髓腦，血肉手足，遍滿大地，積如須彌❻❷，誓不以苦故，退失大心❻❸。況鍛鍊禪

---

❺❼ 深居端拱：指拱手深居，不理政事。

❺❽ 等：相同、相齊。傳舍：即旅館。指把叢林當作旅館。

❺❾ 胡越：泛指北胡、南越等偏遠民族，比喻疏遠隔絕。意指把禪眾當作來住旅館的胡越旅客。

❻⓿ 冬期夏制：叢林安單分為春、冬兩期。結夏，指夏天的結制安居，冬季的結制安居，稱為結冬。清代時，叢林曾有只結冬而不結夏的反常現象，後來經過糾正後，仍以結冬坐禪、結夏講經作為慣例。（可參見《百丈清規證義記》卷8，《新纂卍續藏》冊63，第1244號，頁499中11-頁515上6）祇了故文：乃形容僅作形式而敷衍了事。

❻❶ 機器：即根機、根器，喻指學人的根機稟賦。聖嚴法師曾解釋「機」的意義：「『機』是佛法中說法開示的對象，有根機、機緣、機感、機教等多種涵義。」（《探索識界──八識規矩頌講記》，《法鼓全集》第7輯第6冊，頁97）

❻❷ 須彌：指須彌山，比喻極大。

❻❸ 大心：大菩提心，乃指菩薩發心度三界眾生的廣大心願。

眾，即勞筋苦骨，飲冰茹蘗 (64)，較之捨頭目血肉者，縱什百千萬，豈能及菩薩萬分之毫末乎！既入此門，孰 (65) 不以知識 (66) 自居？既為長老，孰不以佛祖自任？處其位，當行其事；任其名，當盡其實。禪眾者，實長老成佛之大資具 (67) 也；鍛鍊者，實諸祖得人之大關鑰 (68) 也。不勤鍛鍊，則必不能開眾生眼而得人；不發誓願，則必不肯為鍛鍊故而忍苦。是故，未陳鍛鍊之方，先請堅發誓願，誓願立而大本 (69) 正矣。故曰堅誓第一。

---

(64) 飲冰茹蘗：蘗ㄅㄛˋ，草木新芽。在此比喻生活清苦。

(65) 孰：誰。

(66) 知識：善知識，指教導指示佛法正道，令學人得益之善友、道友、良師。

(67) 資具：指累積成佛資糧的器具。

(68) 關鑰：關鍵。

(69) 大本：根本；基礎。

3

辨器授話第二

　　所謂辨器授話,就是要先辨別學人的根機如何,並勘驗其參學深淺,然後選擇適合的鍛鍊方法。戒顯禪師認為適合參答語者,要依其悟道深淺,給予適當的話頭;而有些適合參機用的利根學人,若以棒、喝的方式,往往能收到奇效。以上,並沒有一定的方法,都需禪師依學人的情況施予不同的磨鍊。聖嚴法師即說過:「禪師訓練弟子、指導弟子的方法,各有各的,祖師們也各有方便權巧,不是隨便叫弟子盲修瞎練,表面看來好像毫無道理地折磨你,其實是費盡苦心訓練你,你是什麼性質的人、什麼根器的人,他就用什麼方法來引導你上路。」[70]

---

[70] 《學術論考》,《法鼓全集》第 3 輯第 1 冊,頁 76。

欲鍛禪眾，當示真參❼；欲下鉗錘❼，先辨機器。臨濟曰：「我此閒（間）作三種根器斷：或奪境，或奪人，或奪法，或俱奪，或俱不奪。」此辨驗機器之大要也。❼

---

❼ 真參：指不憑藉文字、方便法門而以直指頓斷命根的活法。如《列祖提綱錄》卷 11：「說的不道一字，參的不資一法；不道一字說而無說，不資一法參而無參。參而無參，真參；說而無說，真說。」（《新纂卍續藏》冊 64，第 1260 號，頁 90 上 3-5）又，日僧東嶺圓慈禪師於〈重刻禪關策進後序〉云：「驅耕夫之牛，奪飢人之食，始可以為真參詳而已。」（收錄於明・袾宏輯，《禪關策進》，《大正藏》冊 48，第 2024 號，頁 1109 下 6-7）

❼ 鉗〈ㄑㄧㄢˊ〉錘：鐵鉗和鐵錘，比喻嚴格地授受與訓練。

❼ 這裡說的是臨濟禪師所設之「四料簡（揀）」，乃是針對不同根性者的四種應機教化方法。《鎮州臨濟慧照禪師語錄》云：「有時奪人不奪境、有時奪境不奪人、有時人境俱奪、有時人境俱不奪。」又云：「山僧此間作三種根器斷：如中下根器來，我便奪其境，而不除其法；或中上根器來，我便境、法俱奪；如上上根器來，我便境、法、人俱不奪；如有出格見解人來，山僧此間便全體作用，不歷根器。」（唐・慧然集，《鎮州臨濟慧照禪師語錄》，《大正藏》冊 47，第 1985 號，頁 497 上 22-23；頁 501 中 3-8）所謂「奪」，是除去之意。

唐代禪風鼎盛，機器不凡，老古錐❼❹接人，皆全機大用，頓斷命根，純用活機，殊無死法。至宋以後，參禪用話頭，而死法立矣。然人至末法，根器愈劣，智巧❼❺愈深；狂亂愈紛，定慧愈淺。主法者欲令禪眾開廓本有，透脫牢關，不得不用死法，時代使然也。然不善用，則雖活法，皆成死法；能善用之，則死法中，自有活法。活法者何？辨機器是已。

禪眾入門，先以目機銖兩❼❻，定人材之高下；次以探竿影草❼❼，驗參學之淺深。立主立賓❼❽，一問一答，絲來線去❼❾，視其知有與否，而人根見矣。或上上機器來，即

---

❼❹ 老古錐：錐能用來鑽物，此乃對唐代祖師們之尊稱，形容其機鋒峻峭。

❼❺ 智巧：此處的智巧並非指智慧和技巧，而是指機謀與巧詐。

❼❻ 目機銖兩：目乃品評之意。銖、兩皆是重量單位，古制以二十四銖為一兩。在此以分出輕重喻指品評人才之意。

❼❼ 探竿影草：探竿、影草都是漁民誘聚魚群以便下網撈捕的方法，在此引申為禪師探測學人、驗其資質。如《佛果圜悟禪師碧巖錄》卷5：「須知古人以探竿影草，要驗這僧。」（《大正藏》冊48，第2003號，頁182下14-15）又宋・智昭集，《人天眼目》卷2云：「探竿者，探爾有師承無師承，有鼻孔無鼻孔。影草者，欺瞞做賊，看爾見也不見。」（《大正藏》冊48，第2006號，頁311中

23-24)
❼⓼ 立主立賓：這裡講的是「臨濟四賓主」，乃臨濟禪師接引學人、較量機鋒的施設。「主」指的是禪師或法眼明亮的開悟者；「賓（或「客」）」指的是學人或未悟者。二者的關係有四種：客看主、主看客、主看主、客看客。如《鎮州臨濟慧照禪師語錄》云：「如主客相見便有言論往來，或應物現形、或全體作用、或把機權喜怒、或現半身、或乘師子、或乘象王。如有真正學人便喝，先拈出一箇膠盆子，善知識不辨是境，便上他境上作模作樣，學人便喝，前人不肯放，此是膏肓之病不堪醫，喚作『客看主』。或是善知識不拈出物，隨學人問處即奪，學人被奪抵死不放，此是『主看客』。或有學人應一箇清淨境出善知識前，善知識辨得是境，把得拋向坑裏，學人言：『大好善知識。』即云：『咄哉，不識好惡。』學人便禮拜，此喚作『主看主』。或有學人披枷帶鎖出善知識前，善知識更與安一重枷鎖，學人歡喜，彼此不辨，呼為『客看客』。」（《大正藏》冊47，第1985號，頁501上3-15）另，亦有臨濟宗禪師將之稱為「賓中主」、「主中賓」、「主中主」、「賓中賓」。
❼⓽ 絲來線去：原用來形容牽扯糾纏，在此指賓主問答往來密切之意。

以師子爪牙、象王威猛，❽⁰拋金圈、擲栗棘，❽¹視其透關與否？而把柄❽²在師家矣。人根既定，方令進堂。既進禪堂，即應入室，隨上、中、下機器而示以話頭。其已歷諸方舊有話頭者，或搜刮❽³、或移換、或撥正，雖事無一法，然話頭正而定盤星❽⁴在矣。

或曰：有不用話頭，竟❽⁵以德山❽⁶、臨濟，便棒、便喝接人者，如何？曰：奇則奇矣，然視人根太高，而不可

---

❽⁰ 師子：獅子，獸中之王，譬喻威猛。象王：象中之王，形容威儀舉止如象王般。二者多用以譬佛者，此以獅子之利爪、象王之威猛譬喻禪師的高超手段。宋・善清等編，《慈受懷深禪師（1077-1132）廣錄》卷1：「直饒一問一答，似獅子翻（翻）身，或縱或奪，如象王蹴踏。」（《新纂卍續藏》冊73，第1451號，頁105下6-7）

❽¹ 金圈：金剛圈，非常小而難以跳脫。栗棘：指栗棘蓬，其果實外殼多刺難以吞嚥。二者常用來喻指機語、話頭、公案等。如《圓悟佛果禪師語錄》卷12：「楊岐所謂栗棘蓬有刺而難吞，金剛圈者至小而難跳。」（《大正藏》冊47，第1997號，頁768中15-16）

❽² 把柄：主意、辦法。

❽³ 搜刮：搜索、試探學人修行上的掌握與問題。

❽⁴ 定盤星：秤桿上刻度的基點，也稱「準星」，比喻準則、基準點。

❽⁵ 竟：遍、全。

❽⁶ 德山：唐代德山宣鑑禪師（782-865），常以棒打為教導、接引學人的方式，世稱「德山棒」。

槩（概）用也。有不論機器利鈍，禪眾多少，祇用一話頭而不變者何如？曰：均則均矣，然視人根太混，雖參而多不得益也。請言其故。

不用話頭者，誠直截痛快，不帶廉纖❽矣。然在昔人則可，在今時則不可。何故？昔人根器高勝，定慧力強，一經名師大匠，棒喝提持，一信永信，更無諸訛，一徹永徹，更無反覆，所以可用。今人以最深之智巧，最紛之狂亂，不用話頭，重封密鎖，痛劄❽深錐，令情枯智竭，驀地翻身。而❽但❾用擊石火閃，電光一著，以為門

---

❽ 廉纖：微小、細微之意。禪宗以「廉纖」指參學者以情識分別黏著之言語。如《圓悟佛果禪師語錄》卷 7：「忽若不倚一物，孤迥迥峭巍巍，千聖莫能知，萬靈沒照鑑。截斷一切不涉廉纖，把斷世界不漏絲髮。」（《大正藏》冊 47，第 1997 號，頁 742 下 11-13）

❽ 劄ㄓㄚ：扎、刺。

❽ 而：然而。

❾ 但：只，僅。

庭，縱或承當，多屬光影。而於言句關柄❹，宗師血脈，總未覷透，以此號❷省悟，將來反覆，不可言矣。故不可用，非全不可用，不可概用也。老黃龍❸語晦堂❹曰：「若不看話頭，百計搜尋，令自見自肯，即吾埋沒汝也。」豈不信哉！

止用一話頭者，似平等簡徑❺，不落揀擇矣。然禪眾中，生材❻有利鈍，受氣❼有純駁❽，信道有淺深，參

❹ 關柄ㄅㄧㄥˋ：柄古同「棅」，也稱「關棙子」。關柄原意為門閂，用來比喻事物的緊要關鍵之處，這裡指的是參禪得悟的要訣。如宋·道謙編，《大慧普覺禪師宗門武庫》：「而規模法則，總有關柄，消息既通，皆不撥而自轉。」（《大正藏》冊 47，第 1998B 號，頁 955 中 14-15）

❷ 號：宣稱、號稱。

❸ 老黃龍：宋代的黃龍慧南禪師（1002-1069），為臨濟宗黃龍派第一世。

❹ 晦堂：晦堂祖心禪師（1025-1100），為慧南禪師法嗣。

❺ 簡徑：簡單直截。

❻ 生材：資質。

❼ 受氣：稟受自然之氣，如明·德清閱，《紫柏尊者全集》卷 21：「萬物生而受氣強弱之不同。」（《新纂卍續藏》冊 73，第 1452 號，頁 329 上 24- 中 1）

❽ 駁：混雜而不精純。

學有久暫。買帽者，當相頭；著楔❾者，須看孔，自然之勢也。宜數息者，教令觀白骨；宜觀骨者，教令數息，雖佛世不能證果，況末法乎？明大法者，察氣候❿以下鉗錘；識通變而施錐鑿，三根皆利矣。使不問利鈍、純駁、淺深、久暫，徒用一話頭以箍（篐）學者，畫地而為牢，釘椿而搖櫓⓫，高者抑而不能下，卑者跂⓬而不能

---

❾ 楔ㄒ一ㄝˋ：楔子，指一端平厚一端尖扁的木塊，乃用來塞在榫頭的縫隙孔洞中，使之固定。

❿ 氣候：人的神態風貌，這裡指的是學人的根性。

⓫ 釘椿而搖櫓：同「插椿搖櫓」，形容停留在原地無法進步。此外，聖嚴法師也曾說過：「參話頭若是無法產生疑情，只是在念話頭，也就是只有工具，沒有疑情，那參話頭便沒有了著力點，成了所謂的『冷水泡石頭』、『插椿搖櫓』。……何謂『插椿搖櫓』？從前有一種小船需要依靠人力搖櫓，才能使船前行。如果在地上打根椿，將船綁在椿上搖櫓，船仍然會停留在原地。……『插椿搖櫓』是指念話頭只能將心圍繞、寄託在方法上，雖然也是在用功，但是自我仍然很堅固、清楚地存在，而無法化解或減少。」（《聖嚴法師教話頭禪》，《法鼓全集》第 4 輯第 17 冊，頁 78）

⓬ 跂ㄑ一ˋ：踮起腳跟。如周・荀況撰，《荀子》卷 1：「吾嘗終日而思矣，不如須臾之所學也；吾嘗跂而望矣，不如登高之博見也。跂，舉足也。」（收錄於《文淵閣四庫全書》冊 695，上海：上海古籍出版社，2003 年，頁 120-121）

至矣，此所謂活法而成死法也。妙喜曰：「善知識大法不明，止以自證悟處指示人，必瞎却人眼。」❿³非此之謂乎？

　　然則指授話頭，當用何法？亦仍曰，作三種根器斷而已矣。初機參學者，話大艱深，必然杆格❿⁴，須令稍有咬嚼，以發其根本。氣宇英靈者，話頭寬鬆，易滋卜度，須令壁立萬仞，以斷其攀緣。如「萬法歸一」❿⁵、「父母未生前」❿⁶、「死了燒了」❿⁷等，乃至目前一機一境❿⁸，雖智、愚皆可用，而❿⁹初機為便⓾⁰。「南泉三不是」⓾¹、

---

❿³　見宋‧大慧集並著語，《正法眼藏》卷3：「善知識實悟實證而大法不明，為人時未免以自悟自證處指似人，瞎却人眼。況無悟證學語之流，瞎人眼不在言也。」（《新纂卍續藏》冊67，第1309號，頁629下17-20）

❿⁴　杆格：應作「扞ㄏㄢˋ、格」，乃抵觸、格格不入之意。

❿⁵　萬法歸一：此出自趙州禪師，見唐‧文遠記，《趙州和尚語錄》卷2：「問：『萬法歸一，一歸何所？』師云：『我在青州作一領布衫，重七斤。』」（《嘉興藏》冊24，第B137號，頁364上7-8）

❿⁶　父母未生前：指話頭「父母未生前，如何是我本來面目？」。如《禪關策進》：「十二時中，一貧如洗，看箇『父母未生前，那箇是我本來面目？』不管得力不得力、昏散不昏散，只管提撕去。」（《大正藏》冊48，第2024號，頁1103上18-20）

⑩⁷ 死了燒了：指「死了燒了，向什麼處去？」。如明・傳我等編，《古雪哲禪師語錄》卷 12：「秀才問：『如何是法身？』師云：『鬚髮白如銀。』云：『死了燒了，畢竟向甚處相見？』師云：『待山僧有舌頭，即向汝道。』」（《嘉興藏》冊 28，第 B208 號，頁 365 上 17-18）

⑩⁸ 一機一境：「機」是屬於內在而感動於心者，「境」則是屬於外在而顯於形者，例如，世尊拈花是「境」，迦葉領會而笑則為「機」。一機一境即是指禪師接引學人時的機法。《佛果圜悟禪師碧巖錄》卷 3 云：「玉將火試，金將石試，劍將毛試，水將杖試。至於衲僧門下，一言一句、一機一境、一出一入、一挨一拶，要見深淺，要見向背。」（《大正藏》冊 48，第 2003 號，頁 164 上 25-27）

⑩⁹ 而：然而。

⑪⁰ 便：適合；適宜。

⑪¹ 南泉三不是：出自「麻谷振錫」公案，如《圓悟佛果禪師語錄》卷 19：「麻谷持錫見章敬，遶繩床三匝，振錫一下，卓然而立。敬云：『如是如是。』後到南泉（唐代南泉普願禪師，748-835），亦遶繩床三匝，振錫一下，卓然而立。泉云：『不是不是。』谷云：『章敬道是，和尚為什麼却道不是？』泉云：『章敬則是是，汝不是。』此是風力所轉，終歸敗壞。」（《大正藏》冊 47，第 1997 號，頁 801 下 9-14）

「大慧竹篦子」⑫、「道得道不得皆三十棒」⑬、「恁麼不恁麼總不是」⑭等，雖高、下皆可用，而英靈為便。更有擎頭戴角、知見雄強者，師家爪牙，倍宜毒辣，或機權喜怒以劌其命根，或詰曲諕訛⑮以去其祕蓄⑯，臨濟所謂

⑫ 大慧竹篦子：出自「大慧竹篦」公案，也稱「大慧背觸」，如《大慧普覺禪師語錄》卷10：「師室中常舉竹篦問學者曰：『喚作竹篦則觸，不喚作竹篦則背。』眾下語皆不契。」（《大正藏》冊47，第1998A號，頁856上9-10）

⑬ 道得道不得皆三十棒：此語出自德山禪師，如《鎮州臨濟慧照禪師語錄》：「師聞第二代德山垂示云：『道得也三十棒，道不得也三十棒。』」（《大正藏》冊47，第1985號，頁503下19-20）

⑭ 恁麼不恁麼總不是：此語出自唐代的石頭希遷禪師（701-791），如《大慧普覺禪師語錄》卷22云：「藥山和尚（藥山惟儼禪師，746-829）初參石頭，問石頭云：『三乘十二分教，某甲粗亦研窮，曾聞南方有直指人心、見性成佛，實未明了，乞師指示。』石頭云：『恁麼也不得，不恁麼也不得，恁麼不恁麼總不得。』」（《大正藏》冊47，第1998A號，頁904上10-14）

⑮ 詰曲：彎彎曲曲之意。諕ㄒㄧㄠˊ訛：混淆訛誤。

⑯ 祕蓄：指學人深閉的思想或情感等。

「全體、半身」、「獅子、象王」等,❶❶⓻皆為若輩而設。此則視師家作用何如,不可言傳也。

要之,話頭雖多種不同,皆須上截妙有關鎖,❶❶⓼既有

---

❶❶⓻ 參見《鎮州臨濟慧照禪師語錄》:「參學之人大須子(仔)細,如主客相見便有言論往來,或應物現形、或全體作用、或把機權喜怒、或現半身、或乘師子、或乘象王。」(《大正藏》冊47,第1985號,頁501上2-5)

❶❶⓼ 妙有:乃本無之幻有、不落能所的佛法至理。如明‧福善日錄、通炯編輯,《憨山老人夢遊集》卷12:「所言空,即幻有以觀空,名曰真空。所謂有,乃本無之幻有,名曰妙有。」(《新纂卍續藏》冊73,第1456號,頁540中5-6)又,清‧超溟著,《萬法歸心錄》卷2:「問:『如何謂妙有?』師曰:『雙照有無,分別宛然,不落能所,謂之妙有。』」(《新纂卍續藏》冊65,第1288號,頁414中23-24)這裡用「上截妙有關鎖」來形容眾生本就具足的佛性彷彿被名相分別障礙,唯有智慧能將其打開。如《宗鏡錄》卷41:「當知名相關鎖,非智鑰而難開;情想句牽,匪慧刀而莫斷。」(《大正藏》冊48,第2016號,頁660上26-28)

關鎖，學人用心時，四門❶❶❾堵塞，六路❶❷⓿剿絕；下截審問❶❷❶處，其發疑情也必真。疑情既真，則擴悟機也必徹。❶❷❷東山立盜父鎖櫃，令子潰圍之喻，非不傳之祕乎？❶❷❸

---

❶❶❾ 四門：指入道之門。如《宗鏡錄》卷 87：「夫入道之門，觸途咸是，簡要分別，無出四門。今約天台四教，藏通別圓，各有四門入道。」（《大正藏》冊 48，第 2016 號，頁 891 上 7-8）

❶❷⓿ 六路：四方上下等，指各個方向。如明·弘儲記，《三峰藏和尚語錄》卷 7：「何為與法相應聻（ㄋㄧˇ，呢）？首于參究下手處，在一箇話頭上，背觸兩端俱不可犯，四句六路了不可得。」（《嘉興藏》冊 34，第 B299 號，頁 157 中 5-7）又，清·正繼等錄，《盛京奉天般若古林禪師語錄》卷 3：「此六路生死，四方上下圍困住你，你作麼生？得脫向這裏尋得條活路，打開六路生死迴出。」（《嘉興藏》冊 38，第 B429 號，頁 932 中 27-28）

❶❷❶ 審問：指文字、思維上的深入探究。

❶❷❷ 這幾句是說，話頭雖有多種，但基本上有二個重要部分，首先是禪師下刀要緊，應給學人一個看似沒有答案、無法言說但又喻指佛性的話頭，讓學人在參話頭時，彷彿四門六路都被上了關鎖而走不出去；而學人，則不要執著於語言文字或過去所學，更不要去分析思考它的答案。因為話頭沒有所謂的答案，參就對了，這樣的話，所發起的疑情才會真；所發的疑情真，則所悟到的禪機也愈通徹。

❶❷❸ 這句有一個典故，東山指的是五祖法演禪師，他以盜父教導兒子的

故事,來比喻學禪重在自己體證,並沒有什麼不傳之祕,也沒有一定之方法。見《大慧普覺禪師宗門武庫》:「五祖和尚一日云:我這裏禪似箇什麼?如人家會作賊。有一兒子一日云:『我爺老後,我却如何養家?須學箇事業始得。』遂白其爺。爺云:『好得。』一夜引至巨室,穿窬(ㄩˊ,鑿)入宅,開櫃,乃教兒子入其中取衣帛。兒纔入櫃,爺便閉却復鎖,了故於聽(廳)上扣打,令其家驚覺,乃先尋穿窬而去。其家人即時起來,點火燭之,知有賊,但已去了。其賊兒在櫃中私自語曰:『我爺何故如此?』正悶悶中,却得一計,作鼠咬聲,其家遣使婢點燈開櫃。櫃纔開,賊兒聳身吹滅燈,推倒婢走出,其家人趕至中路,賊兒忽見一井,乃推巨石投井中,其人却於井中覓。賊兒直走歸家,問爺。爺云:『爾休說,爾怎生得出?』兒具說上件意,爺云:『爾麼儘做得。』」(《大正藏》冊47,第1998B號,頁956上24-中8)

然亦有機器，宜參荅（答）語者，如「麻三觔（斤）」❶❷❹、「乾矢橛」❶❷❺、「青州布衫」❶❷❻、「庭前柏樹子」❶❷❼，乃至「狗子無佛性」❶❷❽等。亦有機器，宜參機用

---

❶❷❹ 麻三觔：公案名，指「洞山麻三斤」，《圓悟佛果禪師語錄》卷19：「舉。僧問洞山：『如何是佛？』山云：『麻三斤。』」（《大正藏》冊47，第1997號，頁802中21）

❶❷❺ 乾矢橛：公案名。此語原出自唐代臨濟禪師，《鎮州臨濟慧照禪師語錄》云：「時有僧出問：『如何是無位真人？』師下禪床把住，云：『道道。』其僧擬議，師托開，云：『無位真人是什麼乾屎橛？』便歸方丈。」（《大正藏》冊47，第1985號，頁496下11-14）之後五代的雲門禪師，因僧問：「如何是釋迦身？」他回答：「乾屎橛。」（《雲門匡真禪師廣錄》卷1，《大正藏》冊47，第1988號，頁550中14-15）後來禪宗祖師開示時，即常提起此雲門公案。「屎橛」乃用來拭淨人糞之小木棒。

❶❷❻ 青州布衫：公案名，出自趙州禪師。（參見註❶❶❺）

❶❷❼ 庭前柏樹子：公案名，出自趙州禪師，見《趙州和尚語錄》卷1：「云：『如何是祖師西來意？』師云：『庭前柏樹子。』」（《嘉興藏》冊24，第B137號，頁358中18-19）

❶❷❽ 狗子無佛性：公案名，出自趙州禪師，《趙州和尚語錄》卷1：「問：『狗子還有佛性也無？』師云：『無。』學云：『上至諸佛、下至螘（蟻）子皆有佛性，狗子為什麼無？』師云：『為伊有業識性在。』」（《嘉興藏》冊24，第B137號，頁361中26-28）

者,如入門便棒、進門便喝;睦州接雲門❷、汾陽接慈明❸等,往往發大悟門,亦視師家用處何如耳,無死法也。閒❸有時師❷,不知關棙,止教人參「如何是西來意?」「如何是本來面目?」「如何是學人自己?」者,此則上無關鎖,望空❸啟告,師家下刀不緊,學家發疑無

---

❷ 「睦州」指睦州道明禪師,雲門禪師參睦州禪師,折一足而悟,睦州禪師知其乃大器之材,推薦他可再去參雪峰義存禪師。之後,雲門禪師在雪峰禪師身邊服勤數年,並獲傳法。(《三峰藏和尚語錄》卷11,《嘉興藏》冊34,第B299號,頁177上30-中1)

❸ 宋代的慈明楚圓禪師歷經千辛萬苦往見汾陽善昭禪師,沒想到住了二年,善昭禪師仍不許他入室參學,而且見面時常常罵詈詆毀。楚圓禪師實在受不了,準備辭去前,對善昭禪師說:「自至法席已再夏,不蒙指示,但增世俗塵勞。念歲月飄忽,己事不明,失出家之利。」沒想到話還沒說完,又被善昭禪師大罵一頓,還拿杖逐之,楚圓禪師正想呼救求情,善昭禪師立刻一把掩住他的嘴,這時他突然大悟。之後,又在善昭禪師身邊服勤七年才辭去。(詳見宋・惠洪撰,《禪林僧寶傳》卷21,《新纂卍續藏》冊79,第1560號,頁532中16-下1)

❸ 閒ㄐㄧㄢ:同「間」,近來。

❷ 時師:指當代的禪師。

❸ 望空:向著空中,指毫無依憑、憑空。

力,死水浮沈,白首不悟,坐病在此,豈不惜哉!最悞(誤)人者,有初進禪門,根本未悟,遂令參「南泉斬猫(貓)」❽、「百丈野狐」❾、「丹霞燒佛」❿、「女子出定」

---

❽ 南泉斬猫:指南泉和尚因東西堂僧人爭奪貓兒而斬貓之公案,見宋・宗紹編,《無門關》:「南泉和尚,因東西堂爭貓兒,泉乃提起云:『大眾道得即救,道不得即斬却也。』眾無對,泉遂斬之。晚趙州外歸,泉舉似州。州乃脫履,安頭上而出。泉云:『子若在,即救得貓兒。』」(《大正藏》冊48,第2005號,頁294下13-16)

❾ 百丈野狐:指百丈禪師與化成老人的野狐之間機緣對話的公案。見《無門關》:「老人云:『諾。某甲非人也,於過去迦葉佛時,曾住此山,因學人問:大修行底人還落因果也無?某甲對云:不落因果。五百生墮野狐身。今請和尚,代一轉語,貴脫野狐。』遂問:『大修行底人還落因果也無?』師云:『不昧因果。』老人於言下大悟。」(《大正藏》冊48,第2005號,頁293上18-23)

❿ 丹霞燒佛:乃指唐代丹霞天然禪師(739-824)因天冷取木佛燒之的公案。如宋・師明集,《續古尊宿語要》卷4:「舉丹霞。因過一寺,值凝寒,於殿中見木佛,乃取燒火向。院主偶見,呵責曰:『何得燒我木佛?』霞以杖撥灰云:『吾燒取舍利。』主云:『木佛何有舍利?』霞云:『既無舍利,更請兩尊,再取燒之。』院主自後,眉鬚墮落。」(《新纂卍續藏》冊68,第1318號,頁441中17-20)

等話❼。此真方木逗圓孔❽,唐喪❾人光陰,而天地懸隔❿者矣。謂之杜撰,不亦宜乎?是故欲鍛鍊禪眾者,審辨機器,簡別話頭,俾⓫高下咸宜、利鈍兼濟,為入門第一大要事也。

---

❼ 女子出定:公案名。據《諸佛要集經》所載,往昔佛陀說法時,有一女子在佛座旁入定,身為過去七佛之師的文殊菩薩覺得奇怪,為何自己尚無法近佛座,而此女子卻能在佛座旁入定?因此想讓此女出定以詢問之,然而竭盡方法仍無法令其出定。後來,只證初地的棄諸陰蓋菩薩在此女子面前一彈指,女子即從定中而出。(詳見西晉・竺法護譯,《諸佛要集經》,《大正藏》冊 17,第 810 號,頁 763 上 5- 頁 770 上 19)以上這些公案若給初學者參究,將變成只是在商量公案而已。

❽ 方木逗圓孔:以方形木頭放到圓孔裡去,用來比喻二者不能投合。此語乃出自唐代的雲居道膺禪師(835-902),見宋・普濟集,《五燈會元》卷 13:「汝等諸人,直饒學得佛邊事,早是錯用心。不見古人講得天花落、石點頭,亦不干自己事,自餘是甚麼閑,擬將有限身心向無限中用,如將方木逗圓孔,多少誵訛,若無恁麼事,饒你攢花簇錦,亦無用處,未離情識在,一切事須向這裏及盡,若有一毫去不盡,即被塵累。」(《新纂卍續藏》冊 80,第 1565 號,頁 268 上 8-13)

❾ 唐喪:指徒勞、白費之意。

❿ 天地懸隔:形容二者如天與地相隔很遠,乃相差極大之意。

⓫ 俾:使。

4

入室搜刮第三

　　依照學人根機授予適當的話頭後,接下來就是要讓學人認真參究。戒顯禪師認為,若未經猛利參究,就算見性,其悟境通常也不深,無法擔起大任,而猛烈鍛鍊的方式又不適合長時間進行,故應限期打七,才能有最好的效果。而起七前,要先讓學人入室參問。其重點,除了了解學人的名字、樣貌、本參話頭外,並應搜剔其禪病,將其導往正確的修道之路。如此,鍛鍊的方法才可漸漸施行。

既示話頭,即當指令參究。然參法有二:一曰和平,二曰猛利。和平參者,人難於省發❷,即或有理會,而出人必弱;猛利參者,人易於省發,一入其爐鞴❸,而出人必強。此其故何也?蓋參用和平,則優柔絃緩❹,止(只)能抑其浮情,汰其粗識,久久成熟,止(只)棲泊❺於純

---

❷　省發:指領會禪機。
❸　爐鞴(ㄅㄟˋ或ㄅㄞˋ):風爐鼓風的皮囊,用來借指熔爐。
❹　優柔絃緩:原指樂音平和,這裡形容手段溫和寬鬆。
❺　棲泊:停泊。

清絕點 ⑭⑥ 而止，叩關擊節 ⑭⑦，必無冀矣，故曰省發難也。冷灰豆爆 ⑭⑧ 者，縱十成 ⑭⑨ 無滲漏 ⑮⓪，猶是平地死人 ⑮①，一

---

⑭⑥ 純清絕點：此階段身心俱忘、妄心不起，但識心仍在，尚未見性。如《古雪哲禪師語錄》卷10：「坐到純清絕點，身心俱忘，也未是到家底消息。」（《嘉興藏》冊28，第B208號，頁355上30-中1）又，明‧成正集，《博山禪警語》卷2：「將情識妄想心遏捺，令妄心不起，到無起處，則澄澄湛湛、純清絕點，此識心根源終不能破。於澄湛絕點處都作箇工夫理會，纔遇人點著痛處，如水上捺葫蘆相似，此是生滅心，非禪也。」（《新纂卍續藏》冊63，第1257號，頁763上4-7）

⑭⑦ 叩關擊節：乃指打通關節使之開悟。如明‧大建較，《禪林寶訓音義》：「扣關，緊要處，難過而能過。擊節，阻隔處，不通而能通也。謂扣其機關，擊其節要，提持祖印，顯露真機，於節要處獻擊，使其慶快也。」（《新纂卍續藏》冊64，第1262號，頁453上13-15）

⑭⑧ 冷灰豆爆：原用來比喻不可能發生或白費力氣的事，在此是指見性。這裡是說，若疑情得力，抱定一個話頭綿密參究，如兩木持續相鑽或能生出火苗一般，也有開悟的可能。如《憨山老人夢遊集》卷14：「若疑情得力，靠定話頭，晝夜審究，愈究愈深，終有冷灰爆之時。」（《新纂卍續藏》冊73，第1456號，頁556下10-11）另，清‧徹凡等錄，《盤山了宗禪師語錄》卷3亦云：「朝究暮參，時刻莫放，如兩木相鑽，覓火相似。忽然冷灰豆爆，桶子底脫，方知山河大地、明暗色空，總是自己家珍。」（《嘉興藏》冊

遇手腳 ⓲ 毒辣荊棘門庭,即冰消瓦解,況能歷大事、任大擔、領大眾而不傾仄 ⓳ 乎?故曰出人弱也。若欲求人

40,第 B474 號,頁 33 上 26-28)

⓭ 十成:完全。

⓮ 滲漏:有縫隙而會滴漏、耗損,形容修持不圓滿。三滲漏指見滲漏、情滲漏、語滲漏,可用來檢視學人見性與否。清・性統編,《五家宗旨纂要》卷 2:「滲不停水,漏不盛物,故名滲漏。」(《新纂卍續藏》冊 65,第 1282 號,頁 272 上 2)又,明・語風圓信等編,《瑞州洞山良价禪師語錄》:「末法時代,人多乾慧,若要辨驗真偽,有三種滲漏。」(《大正藏》冊 47,第 1986B 號,頁 526 上 19-20)

⓯ 平地死人:這句話出自雲門禪師:「平地上死人無數,過得荊棘林是好手。」(《雲門匡真禪師廣錄》卷 2,《大正藏》冊 47,第 1988 號,頁 554 中 22-23)這裡是說,未經猛烈鍛鍊之見性悟境較淺,不僅容易退步,亦難擔當大任。如《圓悟佛果禪師語錄》卷 12:「若是沒量大人,終不肯亂承當,終不道:『我能、我解、我是禪師。』若如此則墮在解脫深坑。不見雲門大師道:『平地上死人無數,過得荊棘林者是好手。』而今,平地上死人無數,雲門一句道著。」(《大正藏》冊 47,第 1997 號,頁 769 下 4-8)

⓲ 手腳:指鍛鍊的手段、本事。

⓳ 傾仄:偏斜、覆滅。

啐地斷、嚗地折、⓵猛燄裏翻身、險崖中斷命、⓶能禁擷撲⓷、受敲磕而晏然不動者，則非猛利參不可。猛利雖勝，恐力難長，欲期尅日⓸成功，則非立限打七不可。立限起七，不獨健武英靈，奮迅百倍，即懦夫弱人，一求

⓵ 啐地斷、嚗ㄅㄛ地折：啐地、嚗地都是擬迸裂聲的象聲詞，此指當下悟入、頓斷我執。如《古雪哲禪師語錄》卷15：「直至命根啐地斷後，乃知從前皆墮歧路。」（《嘉興藏》冊28，第B208號，頁380上15-16）又，宋·了覺等編，《石田法薰禪師語錄》卷2：「久久之間，觸境遇緣，自然啐地斷、嚗地折，那時不著問人，便有入頭處，便不疑天下老和尚舌頭，喚作有根腳，自會作活計。」（《新纂卍續藏》冊70，第1386號，頁332中15-17）

⓶ 猛燄裏翻身、險崖中斷命：形容猛烈鍛鍊後的見性。如清·元玉等記，《天岸昇禪師語錄》卷20：「紅爐燄裏翻身轉，突出元初雙眼睛。」（《嘉興藏》冊26，第B187號，頁745下6-7）又，宋·元愷編，《大川普濟禪師語錄》：「上門上戶拚窮命，不覺全身墮險崖；盡十方空俱殞滅，玲瓏八面露死骸。」（《新纂卍續藏》冊69，第1369號，頁770上9-11）

⓷ 擷ㄌㄧㄢ撲：跌打、撲摔，引申為挫折之意。宋·崇岳等編，《密菴和尚語錄》：「但向逆順堆中，擷撲不碎，自覺省力，便是破家散宅時節至矣。」（《大正藏》冊47，第1999號，頁979中16-17）

⓸ 尅日：也作「克日」，定期、限期之意。

入保社⓯而心必死,亦肯捐身而捨命矣,故七不可以不限也。

　若欲起七,入室⓰為先,入室非虛(虛)文而已也。長老既以鍛鍊為事,則操心宜苦,用意宜深,立法宜嚴,加功宜細。欲至堂中,先須識禪眾之號與貌,與各各本參話頭⓱,然後可以垂手鍛鍊。蓋⓲不識其人,雖聚首九旬,事同陌路,所謂結制者,熱鬧門庭而已,於禪眾無益

⓯　保社:舊時民間組織的團體,在此指修行道場。如元・明本著,《幻住庵清規》:「今此職(職)務,莊嚴保社安慰眾心,助轉食輪遠資法化,誠利佗之極致者也。」(《新纂卍續藏》冊63,第1248號,頁583上22-23)

⓰　入室:此指學人入師室參學問道。元・德輝重編,《勅修百丈清規》卷2云:「入室者,乃師家勘辨學子,策其未至,擣其虛亢,攻其偏重。」(《大正藏》冊48,第2025號,頁1120下15-16)

⓱　本參話頭:指學人一直參著的那句話頭。見《聖嚴法師教話頭禪》:「一直參著的話頭稱為『本參話頭』,『本』是根本和基礎。這句話頭是從初發心、剛開始參禪時就用起,無論是自己發現的或是師父給的,這句話頭一定是觸動了你的道心、觸動了你的警覺心,讓你警覺到原來有自己不知道、不清楚的重要大事,這真是非常糟糕,所以一定要知道這件大事究竟如何,於是對話頭產生了疑情。」(《法鼓全集》第4輯第17冊,頁32)

⓲　蓋:連詞,承接上文,表原因或是理由。

也；識其人矣，而不諳其本參，即長老落堂⓲，欲施逼拶，其道無繇⓳。把柄既不在手，於是禪門之通套⓴出矣。何謂通套？冬夏禪制，凡百⓵委之執事⓶，執事堅守⓷香規，坐則任其昏散，行則聽其寬疲。長老有體⓸，非執事引磬敦請，不落堂也，即破例為眾者，或一日、二

⓲ 長老落堂：請主七和尚或大尊宿入禪堂開示。如《百丈清規證義記》卷5：「果係大尊宿，應更請落堂。粥畢，住持親請，尊宿如允，即令值日侍者，通知客堂掛牌。（牌云）請某和尚落堂開示。」（《新纂卍續藏》冊63，第1244號，頁423上1-3）聖嚴法師也提過：「主七大和尚除了領眾梵修，只做落堂開示及勘驗工夫的事。」（《禪的理論與實踐》，《法鼓全集》第4輯第18冊，頁64）

⓳ 繇ㄧㄡˊ：通「由」，用。

⓴ 通套：慣用的固定模式、例行公事。

⓵ 凡百：總括一切。

⓶ 執事：禪林之知事，指工作或有執守的人。聖嚴法師曾解釋：「凡具規模的禪堂，均有僧值、維那、悅眾，以及堂主、板首等執事，分擔了執行規矩、殿堂唱誦、法器敲打、監督察看及糾正姿勢、排遣身心障礙的工作。」（《禪的理論與實踐》，《法鼓全集》第4輯第18冊，頁64）

⓷ 堅守：死守、墨守。

⓸ 有體：依其身分得其尊卑之體，指舉止與身分相稱。

日而一落堂,或三日、五日而一落堂,嬾(懶)者或十日、半月,甚至有終期不落堂者。長老落堂,肅列執事❽也,如公府排衙❿;掣籤⓫唱名也,如官吏點卯⓬。長老者既不識禪眾之號與貌,又不知其本參話頭,不得不垂一問頭⓭、舉一公案以塞其責,此最惡套也。其久歷禪席者,滑機⓮熟路,隨身打點,長老未至堂,而意地丹

---

❽ 肅列執事:各執事端正的排列站好。
❿ 排衙:古時主官升座,由衙署先陳設儀仗之後,下屬分別立於兩旁,依次參謁,此陣仗稱為排衙。
⓫ 掣ㄔㄜˋ、籤:抽籤。
⓬ 點卯:「卯」乃舊時官署例定在卯時開始辦公時,進行點名報告等活動之代稱。例如到衙聽候點名為「應卯」,簽到為「畫卯」。而點卯,為點名之意,但由於有的官員點卯後即離開,故後來此語也用來比喻敷衍了事、應付差事者。
⓭ 問頭:問題。宋‧才良等編,《法演禪師語錄》卷3:「忽有人問五祖:『透網金鱗以何為食?』老僧向伊道:『好箇問頭。』」(《大正藏》冊47,第1995號,頁666上1-2)
⓮ 滑機:油滑機巧,如清‧明圓等編,《古宿尊禪師語錄》卷6:「嘉言善行可遵依,休肖時流弄滑機。」(《嘉興藏》冊37,第B387號,頁442上4)

黃❶⓻❺，腹稿已備，長老又不用擒拏（拿）殺活綱宗手脚，以搜其句意、搜❶⓻❻其窠臼，止取滑頭應酬、口角便利以為英靈，纔一問及，強撐一二語而卯過❶⓻❼矣，是則於老參，似有益而實無益也。其愚魯初參者，禪書從未經目，昏散尚未併除，話頭苦未念熟，長老下堂，十有九人，潛身遠立，不敢近前，縱或點著，不鞫❶⓻❽其本參而考以公案，如向擔柴人問中書堂事，頭定眼直，苦捱一二棒而身脫矣，是則於新參，無益中之無益也。長老應點已竟，仍歸丈室，而禪眾者，又向妄想裏坐地、死水裏浸殺，不則❶⓻❾昏散打攪過日而已，求工夫上路，百無一二也，而況❶❽⓪於徹悟乎！此所謂通套也。善知識以此通套為人，

---

❶⓻❺ 丹黃：古時點校書籍是用紅色的丹砂筆書寫，遇到錯誤的字，則塗以雌黃，故稱點校文字的丹砂、雌黃為丹黃。意地丹黃：此指學人預先在心裡草擬要講的內容。

❶⓻❻ 搜ㄉㄡˇ：搜刮。

❶⓻❼ 卯過：應對過去。這裡是形容久歷禪席的學人以其油滑機巧，與長老勉強應對，而不識學人的長老又未以擒拿殺活手段探其虛實，以致雙方皆虛應而過。

❶⓻❽ 鞫ㄐㄩˊ：查究、查問。

❶⓻❾ 不則：就。「不」為助詞，無義。

❶❽⓪ 而況：何況。

逸則逸矣,而禪眾曠大劫來業識何由廓清?知見何由剿絕?疑團何由破?生死何由出哉?此皆不識其人、不知其本參之過也。

若欲知之,其法在乎入室而搜刮,蓋人根不齊,參學有多種差別。雖領話頭,或無志參究,或死心不得,或有志而疑情發不起,或纔舉話頭而妄想偏纏,或參究累年而不解功夫為何事,或援經教理路❶以配話頭,或止借❷

---

❶ 理路:指以思維論理。如《三峰藏和尚語錄》卷14:「山僧二十年來所遘(《又ㄟ,遇見),士大夫留心此道者,頗多功行理路,從明白處推測,並無從向上頂門無眼處問著、求箇出脫者。」(《嘉興藏》冊34,第B299號,頁191上30-中3)

❷ 止借:只藉。

話頭而排遣妄想，或以無事甲裏而自躲根❽，或硬承當以為主宰❽，或認泯默無縫❽以為徹證。總緣無人撥正，內無真疑，致成多病，皆當於入室時，一一搜剔❽，一一掃

---

❽ 無事甲裏而自躲根：「無事甲」指無所事事、耽溺寧靜的頑空；「躲根」，亦作「垛根」、「跺根」、「探根」、「墮根」，舉凡「躲根漢」、「死水裏躲根」、「無事甲裏躲根」、「莫躲根」等均為禪家呵斥語，此指學人停滯於寧靜，如以腳踵原地踏步，停滯而無所進步。《大慧普覺禪師語錄》卷 20〈示空慧道人〉：「乍得心身寧靜，切須努力，不得便向寧靜處探根（明·瞿汝稷集，《指月錄》此則作「躲根」），教中謂之解脫深坑可畏之處。須教轉轆轆，如水上葫蘆，自由自在，不受拘牽，入淨入穢，不礙不沒。方於衲僧門下，有少親近分。若只抱得不哭孩兒，有甚用處。」（《大正藏》冊 47，第 1998A 號，頁 895 下 20-24）

❽ 硬承當以為主宰：勉強竭力領受禪法，雖小有體會，但仍存我執，仍立主宰。

❽ 泯默無縫：寂然且沒有空隙。如《圜悟佛果禪師語錄》卷 14：「而時流錯認，遂尚泯默，以為無縫罅ㄒㄧㄚˋ（縫隙）、無摸索、壁立萬仞。殊不知本分事，恣情識搏量便為高見，此大病也，從上來事，本不如是。」（《大正藏》冊 47，第 1997 號，頁 777 中 3-6）又，元·法林等編，《元叟行端禪師語錄》卷 4：「病在泯默無聞、冷水浸石頭處。」（《新纂卍續藏》冊 71，第 1419 號，頁 525 上 23）

❽ 搜剔：搜刮剔除。

蕩，與之解黏去縛❽，斥滯磨昏❽，斬其伴侶挾帶之絲❽，砭❽其膏肓必死之疾，指令真參，而路頭❽必正

---

❽ 解黏去縛：解除學人之黏著和束縛。
❽ 斥滯磨昏：直斥學人凝滯之處，以治其愚昧。
❽ 伴侶挾帶之絲：指細微的煩惱。伴侶指五識，其所表現出來的，為貪、瞋、癡等煩惱。如劉宋·求那跋陀羅譯，《楞伽阿跋多羅寶經》卷4：「心為工伎兒，意如和伎者，五識為伴侶，妄想觀伎眾。」（《大正藏》冊16，第670號，頁510下19-20）聖嚴法師也提過：「沒有成佛以前，前五識表現的都還是煩惱。」（《漢藏佛學同異答問》，《法鼓全集》第3輯第10冊，頁52）《大慧普覺禪師語錄》卷20亦云：「俗人在火宅中，四威儀內與貪欲、瞋恚、癡為伴侶，所作所為，所聞所見，無非惡業。」（《大正藏》冊47，第1998A號，頁895上2-3）
❽ 砭ㄅㄧㄢ：古以石針（今以金屬針）刺穴來治病，乃救治之意。
❽ 路頭：指悟入之門徑。如《雲門匡真禪師廣錄》卷2：「舉。僧問乾峯：『十方薄伽梵一路涅槃門，未審路頭在什麼處？』峯以拄杖劃，云：『在者裏。』」（《大正藏》冊47，第1988號，頁555上3-4）

矣。苟不與搜刮淨盡，儱侗❿授一話頭，顢頇❿與一公案，學家不善用心，則欲正偏邪、欲潔偏染、欲明偏暗，通身禪病而不可治矣。是故長老於入室之際，貴❿密地❿留心，既可識其人號、貌，記其人本參，又能去其禪病而導之正路，鍛鍊之方，漸漸可施矣。

---

❿ 儱侗ㄌㄨㄥˇ ㄊㄨㄥˊ：含糊籠統。
❿ 顢頇：糊塗而馬馬虎虎地。
❿ 貴：重要，重視。
❿ 密地：隱祕之處。

5

落堂開導第四

　　前篇提到，長老在了解並搜剔入室學人之原有禪病、將其導向正軌後，方允學人進堂打七。而禪期開始後，長老更應不辭辛勞、視禪堂用功之氛圍，以及學人之勤惰等各種狀況，每日入堂予以應機開導。其開導的重點，包含激發學人認真參究的堅固志願、示真參以讓學人發起真疑，並警惕疲怠等問題。除此之外，還要剷除學人的知見與狂亂思維等病根，以防止學人陷入魔患之中。如此，眾患無從發起，學人方能正確用功，而有真疑、真悟之日。

已經入室搜刮精當❶96，無錯路矣。然學家參究，如逆水行舟，不得人以❶97推挽❶98，則退多而進少；又如臨河思跳，不得人以慫恿，則且前而易却❶99。是故堂中開導，事為最急。開導非三日五日一轉而已也，要須一日三時❷00，勤勤開導。開導之法，當相其機宜、觀其勤惰、中其緩急。事雖難定，略言其端，大約有四：一曰悚❷01立志，二曰示參法，三曰警疲怠，四曰防魔病。而所最忌者，扯葛藤、說道理。

　　何謂悚立志？世閒（間）藝業，非立志堅強，必不肯身受勤苦；非受勤苦，則必不能致精其業，況斷情識、明心性、出生死、成佛祖之大道乎！是故欲下參究之初，先

---

❶96　精當：精確恰當。
❶97　以：助詞，無義。
❶98　推挽：也作「推輓」，往前牽引或是由後向前推，使之前進。
❶99　且前而易却：且：應當。前：向前行進。而：然而。却：同「卻」，此為退卻之意。這是說，應該往前，反而變成向後退縮。
❷00　三時：指早、午、晚。
❷01　悚：豎立。

令樹鐵石心[202]，發金剛誓，以為前導。寧骨斷筋枯，非洞明大事不止也；寧喪身捨命，非徹透牢關不休也。具此透脫生死堅固誓願，則發疑情也必真；辦[203]此擔荷佛祖剛強志氣，則下參究也必力。疑情真，參究力，焉有不究竟徹悟者乎？

何為示參法？古云：大疑大悟，小疑小悟，不疑不悟。故疑有十分，斯悟有十分。而世有教人死守話頭不起疑情者，此參禪大病也。盖（蓋）參禪雖不可胡亂卜度，而亦不可死守話頭。但[204]守話頭，則所繫者枯樁、所沈者死水、所磨者刀背而已矣。若非發起真疑，機輪內轉[205]，即坐至驢年，亦不得悟也。學人喜行此路，則沈空

---

[202] 樹鐵石心：比喻剛強不為所動。

[203] 辦：具備、抱有。

[204] 但：只、僅。

[205] 機輪內轉：「機輪」原為古代取水的機械裝置，機輪轉動時機械兩頭運轉向外取水。「機輪內轉」指不落有無、得失、凡聖等兩頭，而頓斷分別執著。如《佛果圜悟禪師碧巖錄》卷7云：「機輪曾未轉，轉必兩頭走。機乃千聖靈機，輪是從本已來諸人命脈。……全機提起……機輪便阿轆轆地轉，亦不轉向有，亦不轉向無。不落得失，不拘凡聖，二邊一時坐斷。」（《大正藏》冊48，第2003號，頁196上18-26）又，明・本瑞直註，《祭絕老人天奇直註雪

滯寂[206]，久之以窠臼[207]為樂，竟不信有悟矣。師家喜以此教人，則以枯木堂禪[208]為極頭[209]，聞他家機下[210]省發人，必然生謗矣。而孰知[211]事大不然也。蓋生死心切，

寶顯和尚頌古》卷 2：「機輪曾未轉，轉必兩頭走（一迷本心，便逐兩頭）。」（《新纂卍續藏》冊 67，第 1302 號，頁 263 中 4）

[206] 沈空滯寂：指偏好修習禪定沉滯於空寂境相，而不起疑情。如清・迹刪鷲述，《金剛經直說》：「沉空滯寂，墮在空執，未免偏枯。」（《新纂卍續藏》冊 25，第 496 號，頁 576 下 14）又，聖嚴法師在《禪的體驗・禪的開示》中回答居士問題時也曾提到：「居士的保持空念、無念，並非盪有遣空的中道之空，是沉空滯寂的頑空，甚至可能尚在無所事事的無事殼中，所以不能徹見空性的法身而悟入佛之知見。」（《法鼓全集》第 4 輯第 3 冊，頁 385）

[207] 窠臼：比喻窩在無事甲的牢籠裡。

[208] 枯木堂禪：執於在僧堂常坐不起，被形容為枯木堂禪。「枯木堂」指的是禪眾參禪打坐的僧堂，此語源自唐代石霜慶諸禪師門下之學人，因常坐如枯木般寂然不動，被稱為「枯木眾」，其僧堂稱為枯木堂。

[209] 極頭：最高等、第一等。

[210] 機下：以機緣激發而啟悟。

[211] 孰知：豈知、未曾想到。如清・濟能纂輯，《角虎集》卷 2：「世人孰知此經大旨，妙在不立依真起妄，返妄歸真之語。」（《新纂卍續藏》冊 62，第 1177 號，頁 212 下 1-2）

則生疑，疑生悟。故長老當禪眾靜坐，須示令放下萬緣，寸絲不掛，將話頭上截關竅㉒，銳意㉓研窮㉔，研窮無路，然後併心㉕下句，盡力挨拶㉖，挨拶力竭，從頭又起。久久，情識盡，知見忘，悟道易矣。此不易之參法也。

何謂警疲怠？參太平禪者，從容和緩，半浮半沈，如水浸石，無進無退，即或㉗苦參，而工夫難於成片，即或成片，而卒急㉘不得省悟，以無人鞭策而激發也。參猛利禪者，人雖易省悟，然正參時，上根利智，有進無

㉒ 關竅：關鍵。
㉓ 銳意：意志堅定而用心專一。
㉔ 研窮：深入鑽研。
㉕ 併心：集中心思。
㉖ 挨拶：推逼、擠壓。
㉗ 即或：即使。
㉘ 卒急：匆促。

退；機器中下者，猛利一回，筋力❷⓵⓽倦怠，易進而亦易退，故須長老勤勤❷⓶⓪而鞭策也。鞭策之法，寧緊峭，毋寬鬆；寧毒辣，毋平順；寧斬釘截鐵，毋帶水拖泥。時時以苦言厲語，痛處著錐，苟有血性者，必忿怒❷⓶⓵而向前矣。

何謂防魔病？初機識性❷⓶⓶，狂亂萬端，所以開示話頭，必須上截關鎖。關鎖縝密，搜剔精嚴，意地邪思，不能帶影，學家所以❷⓶⓷止（只）有悟道而無著魔也。萬一師家不觀機器，授話不重關鎖，任其紛飛業識，狂亂思惟，

---

❷⓶⓽ 筋力：體力、韌性。
❷⓶⓪ 勤勤：勤苦；多次、不間斷。
❷⓶⓵ 忿怒：忿同「奮」，怒同「努」，奮起、奮勉之意。
❷⓶⓶ 初機識性：指初學之人認識、執著、分別事物的習性。
❷⓶⓷ 所以：連詞，表因果關係。用在後句，由因及果。

則熟人熟境㉔，暗地奔騰，異見異聞，識田憂亂㉕。初參學人，無智慧以照破，無道力以攝持，或疑或怖，或喜或悲，突然竊發㉖而魔事作矣。㉗魔事一作，長老又無善巧

㉔ 熟人熟境：指熟悉之人事物。這裡是說，學人因習氣未除，參禪時若遇熟境極易被宿習所牽而失念。如《百丈清規證義記》卷7：「偶爾習種突發，而於熟境難禁。」（《新纂卍續藏》冊63，第1244號，頁476上11）又，清・唐時編，《如來香》卷13：「學道之人，已得真心現前時，但習氣未除，若遇熟境有時失念。如牧牛雖調到牽拽隨順處，猶不敢放了鞭繩，只待心調步穩，趕趂（趁）入苗稼中不傷苗稼，方敢放手也。」（《國圖善本佛典》冊52，第8951號，頁1279中2-6）

㉕ 憂亂：擾亂身心的魔羅，古譯為憂亂。（參見唐・栖復集，《法華經玄贊要集》卷13，《新纂卍續藏》冊34，第638號，頁475下7-9）「魔羅」指惱害眾生的一切魔類。（詳參《菩薩行願——觀音、地藏、普賢菩薩法門講記》，《法鼓全集》第7輯第10冊，頁154-155）

㉖ 竊發：暗中發動；不知不覺地產生。

㉗ 參禪中若被各種境界所動，甚至黏著，易成魔病。如《博山禪警語》卷1云：「其中但不可生執、生著、生計。執成病，著成魔，計成外。」（《新纂卍續藏》冊63，第1257號，頁756中24-下1）聖嚴法師在《禪門修證指要》的序中也提過：「正確的禪者，必定是戒定慧並重的切實修行者，不做浮光掠影的牽強附會，不為

為之療治,祇用五處縶縛❷❷⁸,百千捶打,往往至於喪身而殞命,豈不悲哉?所謂雖是善因而招惡果也。若長老勤勤開導,用意防閑❷❷⁹,則無此患矣。

至於致病多端,不能備舉。最易犯者,無如迸氣❷³⁰胸前以為勇猛,及灰心冷坐以求澄湛,二者為甚也。蓋參禪祕要,祇在真實騰疑❷³¹,而不在乎迸氣。自元代以來,有邪師者,多教人豎起脊梁,咬定牙關,緊捻雙拳,高撐兩眼,內實無真疑而外形猛狀,日以硬氣迸塞胸膺,其勢必

光影聲色的境界所動,不因身心的任何反應而起執著。此在《楞嚴經》、《摩訶止觀》等的敘述中,均有明確的指示,否則便稱為魔境現前。」(《法鼓全集》第 4 輯第 1 冊,頁 6)因此,聖嚴法師教導學人:「修行時心中任何念頭都要視為魔境來處理⋯⋯只要心中有物,而且此物又不是方法時,全都是魔境。」(《心的詩偈——信心銘講錄》,《法鼓全集》第 4 輯第 7 冊,頁 62-63)

❷❷⁸ 五處縶縛:將入魔者之兩手、兩足及頭頸綁住。此語出自姚秦・鳩摩羅什譯,《佛說首楞嚴三昧經》卷 2:「魔即報言:『我聞佛說首楞嚴三昧名字,以被五縛,不能得往。所謂兩手、兩足及頭。』」(《大正藏》冊 15,第 642 號,頁 637 下 18-20)

❷❷⁹ 防閑:防範、防備約束。

❷³⁰ 迸氣:屏氣、憋氣之意。

❷³¹ 騰疑:對話頭產生疑問、起疑情。「騰」為舉、抬起之意。

至於心痛而咯血，[232] 況如此死挺模樣，亦豈可久之勢乎？此大病一也。其次坐冷禪者，亦不起真疑，死心參究[233]，一上禪牀（床），惟萬端排遣[234]，消歸無事，意想[235]或生，即以一口氣不來[236]等話，密念幾迴[237]，遂認四大非

---

[232] 胸膺：指胸膛。咯ㄎㄚˇ血：即咳血、吐血。禪坐時若憋氣或控制呼吸，容易氣血不順而造成胸悶，乃至產生暈眩現象，甚至心臟絞痛而吐血。

[233] 死心參究：這裡指死板盲目地止息心緒。

[234] 萬端排遣：斥逐、排除紛雜的思緒。

[235] 意想：指思維意念。如《密菴和尚語錄》：「坐斷情塵意想，不落見聞覺知。」（《大正藏》冊 47，第 1999 號，頁 969 下 14-15）

[236] 一口氣不來：指一口氣提不上來而生命結束。在經藏中，此語最早出自宋・行霆解，《圓覺經類解》卷 1：「一口氣不來，一化而為臭腐，再化而為塵垢……。」（《新纂卍續藏》冊 10，第 252 號，頁 180 下 2-3）宋・周琪述，《圓覺經夾頌集解講義》卷 2 並記載此語為西蜀復庵暉禪師所述。（《新纂卍續藏》冊 10，第 253 號，頁 258 下 21- 頁 259 上 11）之後，明代許多禪師開示時常提此語，如明・超鳴編，《大方禪師語錄》卷 6：「人命無常，爭於呼吸，就參一口氣不來，討箇分曉。」（《嘉興藏》冊 36，第 B366 號，頁 852 上 25-26）

[237] 迴：量詞，同「回」。表動作之次數。

有，萬法俱空，灰心泯智❽，澄湛不搖，以為工夫極則❾，勸令經行，心慮打失❿，寸步不移，坐至歲深㊀，血脈不舒，易成浮腫而亦多火證㊁，此實病在膏肓，而世醫拱手㊂者也。

欲除諸患，存乎善知識不惜疲勞，日至堂中，勤行開導，或發其堅志，或示以真參，或警其疲怠；次則摧蕩其識情，剗抹㊃其知見，掃除其岐路，剿絕其病根，則魔病眾患，無從竊發，而學人真悟，不難冀矣。

㊇ 灰心泯智：意同「灰身泯智」。指斷掉身心煩惱，不為外界所動，枯寂如死灰。
㊉ 極則：最高準則。
㊊ 打失：丟失。
㊋ 歲深：指時間長久。
㊁ 火證：證同「症」。泛指熱性、亢奮的一類病證。由臟腑功能失調，氣機壅塞不通，鬱而化火所致，如肝火，膽火，心火，胃火等。
㊂ 拱手：束手無策、無能為力。
㊃ 剗抹：鏟除、消抹。

6

垂手鍛鍊第五

　　戒顯禪師認為,長老若不明瞭鍛鍊的方法,就算學人根器再好,也難有人省發。但若懂得如何鍛鍊,即使中下根器者亦有可能開悟。其鍛鍊方式,首先,長老於禪期中應時時在堂,同眾行坐,並善用竹篦。竹篦的妙用在於逼拶及敲擊指示等,此時不可使用拄杖或銅鐵如意等物。禪眾打坐時,長老應持竹篦巡香,坐香結束,則以竹篦三板止靜,然後開示。至於經行,採先緩後急之方式,長老亦須頻握竹篦,隨禪眾旋繞,當經行至猛利時,以鍛禪兵法伺機攻之,經千錘百鍊、百縱百擒,不難使禪眾當下悟入而頓斷我執。

‧‧‧‧‧‧

　　語曰：不入虎穴，爭㉕得虎子。為長老而不得㉖鍛鍊之法，雖龍象當前，盡成廢器，積數十年而不得一人省發也。即有一个（個）半个，皆楂㉗著磕著，如蟲禦木，偶爾成文，㉘而非鍛鍊之功也。

㉕ 爭：此處作「怎」解。
㉖ 得：知曉、明白。
㉗ 楂ㄓㄨˊ著磕著：楂，同「築」，敲打。磕著：碰到、撞到。此指敲打跌撞。如《佛果圜悟禪師碧巖錄》卷2：「濟於大愚脅下，楂三拳。」（《大正藏》冊48，第2003號，頁152上12）
㉘ 如蟲禦木，偶爾成文：此語出自唐代百丈禪師與溈山靈祐禪師（771-853）的對話。明‧語風圓信等編，《潭州溈山靈祐禪師語錄》：「同百丈入山作務。百丈云：『將得火來麼？』師云：『將得來。』百丈云：『在甚處？』師乃拈一枝柴，吹兩吹，度與百丈。百丈云：『如蟲禦木。』」（《大正藏》冊47，第1989號，頁577上19-21）聖嚴法師亦曾於《公案一○○》中提到，此公案乃百丈禪師引「如蟲禦木，偶爾成文」的古喻，表示承認溈山禪師的悟境是瞎貓碰到死老鼠給碰中了。（詳見《法鼓全集》第4輯第12冊，頁182）

苟明鍛鍊,雖中下資器,逼拶有方,如一期人,廣可以省發數十人也。妙喜鍛五十三人而悟十三輩、㊉圓悟金山一夕而省十八人,㊉雖語驚時聽㊉,而古今實有此事也。何地無水?不鑿則不溢;何木石無火?不鑽不擊則不發。眾生具有佛性,猶地之有水,木石之有火,不得善知識以妙密機用,毒辣鉗錘㊉,疏之濬㊉之,敲之磕之,而欲覬㊉其桶底脫落,自透牢關,雖上上機器,必望崖而返矣。是故,垂手鍛鍊不可不講也。

㊉ 輩:量詞,個。這句是說,大慧宗杲禪師結茅於福州的長樂洋嶼時,跟隨者僅五十三人,不到五十天,得法者即達十三人。見《大慧普覺禪師語錄》卷6:「復避亂走湖南,轉江右入閩,築菴長樂洋嶼,時從之者纔五十有三人,未五十日,得法者十三輩。」(《大正藏》冊47,第1998A號,頁837上3-5)

㊉ 此指圓悟禪師住錫於鎮江金山寺時之事跡,見清・黃之雋等編纂,《江南通志》卷174:「建炎初,住金山,賜號圓悟大師。時堂上僧一十八人皆大徹,因名大徹堂云。」(收錄於《文淵閣四庫全書》冊511,上海:上海古籍出版社,2003年,頁925)

㊉ 時聽:指時人之視聽見聞。

㊉ 鉗錘:指嚴格的訓練。(參見註㊆)

㊉ 濬ㄐㄩㄣˋ:疏通水道;挖掘井池。

㊉ 覬ㄐㄧˋ:希望;企圖。

然真欲鍛鍊人材，則長老必苦、執事必勞，禪制之中，長老須時時在堂，同眾起倒❷⁵⁵，即不能然，亦必三轉五轉在堂，隨眾行坐。鍛鍊之器，在善用竹篦子❷⁵⁶，蓋竹篦起自首山❷⁵⁷，盛行於大慧❷⁵⁸，再興於三峰❷⁵⁹，此歷代老古錐❷⁶⁰鍛鍊衲子之器，非創設也。

　　竹篦長須五尺❷⁶¹，闊止一寸❷⁶²，稍稍模棱（稜）❷⁶³，去

---

❷⁵⁵ 同眾起倒：指隨眾作息。
❷⁵⁶ 竹篦子：亦作「竹笓」或「批頭棍」。乃用竹子製成，一頭劈開成細條的禪宗法器。
❷⁵⁷ 首山：指北宋的首山省念禪師。宋・悟明集，《聯燈會要》卷12：「首山舉竹篦，問師（汝州歸省禪師）云：『喚作竹篦即觸，不喚作竹篦即背，合喚作甚麼即得？』師於言下大悟。」（《新纂卍續藏》冊79，第1557號，頁105上18-20）
❷⁵⁸ 大慧：即大慧宗杲禪師。宋・祖詠編，《大慧普覺禪師年譜》：「師乃炷香為誓曰：『寧以此身代眾生受地獄苦，終不以佛法當人情。』乃握竹篦為應機之器，於是聲譽藹著，叢林咸歸重之。」（《嘉興藏》冊1，第A042號，頁796下31-33）
❷⁵⁹ 三峰：指漢月法藏禪師（1573-1635）。
❷⁶⁰ 歷代老古錐：對歷代祖師們之尊稱。
❷⁶¹ 五尺：約今之一百六十公分。
❷⁶² 一寸：約今之三點二公分。
❷⁶³ 模棱：模同「摩」，摩擦掉稜角之意。

其銳角,即便捷而易用。若夫❷⁶⁴拄杖子,設法接機則可,鍛鍊決不可用,即用亦不靈也。至於銅鐵如意❷⁶⁵,以降禪眾而已,稍近則頭迸腦裂,非鍛鍊之物也。用竹篦者,其功便於逼拶,而其妙在乎敲擊,禪眾坐時,則執之以巡香,行時即握之為利器。三板止靜,長老必先開示,如前所說,不必瀆❷⁶⁶矣。香安半炷,即鳴引磬。

今禪眾經行,經行之法,先緩次急,漸歸緊湊。長老亦頻頻握竹篦,隨眾旋繞,當經行極猛利時,即用兵家之法,出其不意,攻其無備。或攔胸把住,逼其下語❷⁶⁷,或劈頭一棒,鞫❷⁶⁸其本參。待其出言,復奪賊鎗而殺賊;

---

❷⁶⁴ 若夫:至於。

❷⁶⁵ 如意:即古代的爪杖,前端作手指形,用途略分二種,其一是用來搔抓背部,另一種用途則是作為記事備忘之用。(詳見《禪林象器箋》卷 28,《補編》冊 19,第 103 號,頁 792 上 5-17)

❷⁶⁶ 瀆:過度、煩瑣。

❷⁶⁷ 下語:給出機語。《禪林僧寶傳》卷 12 云:「所以雲門誡曰:『大凡下語如當門劍(劍),一句之下,須有出身之路。若不如是,死在句下。』」(《新纂卍續藏》冊 79,第 1560 號,頁 516 中 19-21)

❷⁶⁸ 鞫:參見註 ❶⁷⁸。

伺其轉變，更將錐子而深錐。雷崩電閃時，莫今❷⁶⁹停囚長智❷⁷⁰；結角羅紋❷⁷¹處，重為奪食驅耕❷⁷²。或捨棒用掌，而短兵相接❷⁷³；或為此擊彼，而閒道❷⁷⁴出奇；或照用同

---

❷⁶⁹ 今：應為「令」。
❷⁷⁰ 停囚長智：指師家與學人機語交鋒時，學人趁停頓的機會思考對策。《大慧普覺禪師語錄》卷8：「百丈被馬祖一喝，直得三日耳聾，作麼生圖度？切忌停囚長智。恁麼也不得，不恁麼也不得，恁麼不恁麼總不得。」（《大正藏》冊47，第1998A號，頁841下26-29）
❷⁷¹ 結角羅紋：即「羅紋結角」，布滿四周角落之意，此指一切處。
❷⁷² 奪食驅耕：乃長老鍛鍊學人的方法之一，猶如奪取飢人口中之食、驅趕耕夫手裡之牛。《續古尊宿語要》卷4云：「夫為善知識，須是駈（驅）耕夫之牛、奪飢人之食。駈（驅）耕夫之牛，令他苗稼滋盛；奪飢人之食，令他永絕飢虛（虛）。雖然，有時逼到萬仞崖頭，又須是你當人自肯，放身捨命始得。」（《新纂卍續藏》冊68，第1318號，頁449中17-20）《正法眼藏》卷2亦云：「驅耕夫之牛、奪饑人之食，入火不燒，入水不溺，於一切處不留，一切處成就。」（《新纂卍續藏》冊67，第1309號，頁583中17-19）
❷⁷³ 短兵相接：指面對面激烈的機鋒相爭。
❷⁷⁴ 閒道：同「間道」，取道於偏僻小路。

時㉗⁵，而矢石㉗⁶交攻；或棒喝俱行，而炮弩齊發。

　　工夫未極頭，則千鎚而千鍊；偷心㉗⁷未死盡，則百縱而百擒。務將學人曠大劫來，識情影子、知見葛藤，搜其窟穴、斬其根株，使其無地躲根，漸至懸崖撒手。一錐一劄㉗⁸，機候㉗⁹到者，不難㗛地斷、嚗地折㉘⁰矣。此非背水設陣㉘¹中所謂置之死地而後生、置之亡地而後存乎？

㉗⁵ 照用同時：乃臨濟禪師之「四照用」之一。見《人天眼目》卷1：「四照用。師一日示眾云：『我有時先照後用，有時先用後照，有時照用同時，有時照用不同時。先照後用有人在；先用後照有法在；照用同時，驅耕夫之牛，奪饑人之食，敲骨取髓，痛下針錐；照用不同時，有問有答，立主立賓，合水和泥，應機接物。』」（《大正藏》冊48，第2006號，頁304上10-16）聖嚴法師曾說明，此處的「人」指學人，「法」則指宗師之法而言。（見《禪門修證指要》，《法鼓全集》第4輯第1冊，頁114）

㉗⁶ 矢石：箭及壘石，皆為古代守城的武器。

㉗⁷ 偷心：此指所有的妄想心。見《禪的體驗‧禪的開示》：「所有的妄想心，都是偷心。」（《法鼓全集》第4輯第3冊，頁319）

㉗⁸ 劄：參見註㊘。

㉗⁹ 機候：指適宜的時機。

㉘⁰ 㗛地斷、嚗地折：參見註㊾。

㉘¹ 背水設陣：亦作「背水陣」、「背水一戰」。比喻背對著河流、毫無退路，而抱著必死的決心，奮戰取勝的意思。此語乃出自漢代將

鍛鍊禪眾,亦若是則已矣。

　　夫長老如是以為眾,亦可謂難矣。然得❷此道也,則易於出人,亦可謂妙矣。天下事,未有難而不妙者,亦未有妙而不難者。虎項而解其鈴、龍頷❷而奪其珠,乃至擒賊而得其王,此皆極妙極難之事,而走險出奇者,未嘗乏人❷,何獨法門而不然乎❷?然天下主法者,固守成規,樂其簡易,以為禪門格則❷,如是定矣。驟然聞余說者,必非之,曰:「此杜撰也。焉有長老尊重❷,日在禪堂,與衲子眉毛廝挂❷,為此相攻相撲之事哉?」余曰:

　　領韓信背水列陣,大敗趙軍的故事。
❷ 得:通曉。
❷ 頷ㄏㄢˋ:下巴。
❷ 未嘗乏人:不是沒有人。
❷ 何獨法門而不然乎:為什麼只有禪門不是這樣呢。
❷ 格則:標準規則、制度。
❷ 長老尊重:乃對長老的敬稱,顯其尊貴。
❷ 眉毛廝挂:猶「眉毛廝結」,比喻共同相處生活。《大慧普覺禪師語錄》卷5:「師云:『爾只今在甚麼處安身立命?』進云:『與和尚眉毛廝結。』」(《大正藏》冊47,第1998A號,頁830中9-10)

「此殆❷⁸⁹明於小而闇於大❷⁹⁰者也。」襲禪門通套而不用鍛鍊，則長老者，身逸而體尊❷⁹¹，善則善矣，然終歲❷⁹²寂寞，不省一人，不惟❷⁹³佛祖之慧命無傳，而門庭冷落，身後❷⁹⁴斬然❷⁹⁵，不旋踵❷⁹⁶而祖庭蔓草❷⁹⁷，亦安❷⁹⁸見其有體❷⁹⁹也？去禪門成格❸⁰⁰而勤加垂手，則長老者，體褻❸⁰¹而身勞，苦則苦矣，然爐鞴❸⁰²雄強，人材奮起，不惟師

---

❷⁸⁹ 殆：助詞，乃。
❷⁹⁰ 明於小而闇於大：小處清楚而於大的方面愚昧。
❷⁹¹ 體尊：形容其言行舉措看似尊貴。
❷⁹² 終歲：終年。
❷⁹³ 不惟：不但；不僅。
❷⁹⁴ 身後：死後、捨報後。
❷⁹⁵ 斬然：指法脈斷絕。
❷⁹⁶ 不旋踵：來不及轉身，用來比喻時間極短、頃刻間。
❷⁹⁷ 蔓草：形容長滿蔓生的雜草。
❷⁹⁸ 安：副詞，表疑問。相當於「怎麼」、「豈」。
❷⁹⁹ 體：體統。
❸⁰⁰ 成格：常規、固定模式。
❸⁰¹ 體褻：形容其言行舉措看似鄙陋、不莊重。
❸⁰² 爐鞴：指熔爐。（參見註❶⁴³）

承之擔子得脫,而慧命有傳,法門光大,至暮年而愈見身安道隆,亦安得謂之無體也?以此較彼,果㉝孰得而孰失、孰勝而孰劣哉?況尪健在人㉞,修短有數㉟,長老必不以尊居丈室而益其齡,亦必不以鍛鍊勞苦而減其算㊱,且舉眼茫茫㊲長老遷謝㊳,宿草而拱木者㊴,不知其幾矣,豈盡以鍛鍊之故哉?是以垂手鍛鍊之法,至迅至

㉝ 果:副詞,究竟。
㉞ 尪ㄨㄤ健在人:尪,同「尫」,孱弱、瘦弱。此指身體的孱弱與強健乃在於個人體質之不同。
㉟ 修短有數:修,長。指人的壽命長短自有因緣注定。
㊱ 算:指壽命。
㊲ 茫茫:眾多。
㊳ 遷謝:指身心衰老凋殘。
㊴ 宿草而拱木者:宿草,指墳墓上隔年的草。拱木,指墓旁已長成須兩臂合抱之大樹。此語是說許多長老已死去多時。

靈㉚，吾以比之穿楊箭㉛、神臂弓㉜也。閒（間）有未盡者，則更有策發、回換、斬關後三說在㉝。

㉚ 至迅至靈：最快速靈妙。
㉛ 穿楊箭：戰國時期楚國的養由基，因能距離楊柳樹百步，而百發百中射穿楊柳葉，故以「百步穿楊」或「穿楊箭」來形容射箭技術高超，或用以比喻本領高明。
㉜ 神臂弓：雖名為「弓」，實為「弩」，以足踩蹬張弓發射，能在三百步的距離貫穿一串銅錢，故名之，此乃宋神宗時期，由西夏人李宏發明後傳入宋朝。
㉝ 指後文中〈機權策發第六〉、〈寄巧回換第七〉、〈斬關開眼第八〉等三篇。

7

機權策發第六

　　本篇戒顯禪師進一步提醒長老們,應在適當的機緣,以威猛且適合學人根機的方式來鞭策之。戒顯禪師強調,不論是禪坐或經行,皆不需過長的時間,否則昏倦易生、足力疲倦,反而達不到最佳的效果。此外,鍛鍊雖然猛烈,仍應放參休息,不可要求學人通宵打坐,否則只是不通曉修行真義的癡禪罷了。作為長老,應深明鍛鍊學人的方法,以各種方便,在適當的機緣下,讓學人遠離修行上的隱患,如此才是真正的善知識。

天下凡事利用順，而獨禪門利用逆；❸⓮為人治事喜於善，而鍛學人則喜於惡。❸⓯不惡，不足以稱❸⓰天下之大善也，不逆，不足以稱天下之大順也。譬之天道，霜之雪之，雨露之恩，所以溥也；雷之霆之，生成之德，所以大也。❸⓱鍛鍊不用威，則禪眾疲怠無由策（筞）發，必不能

---

❸⓮ 利用：乃指藉助外物或手段以達到目標。順：順應、合乎常規事理。逆：背理、反向或顛倒。這句是說，天下一切事情大都是以順應、合乎常規事理的方式來達到目標，但只有禪門的長老們往往是以不合乎常理、看似顛倒的方式來幫助學人達到開悟的目的。

❸⓯ 喜：喜愛，亦可謂適合於某種環境條件。善：美好、和善、讚美。惡ㄜˋ：凶暴、猛烈。這句是說，一般人為人治事，多使用讚美、鼓勵等和善的方式，但長老於禪期中鍛鍊學人時，適合施以猛烈的手段。

❸⓰ 稱ㄔㄣˋ：相應、符合。

❸⓱ 天道：指自然界變化的規律，引申為天理。溥ㄆㄨˇ：廣大、普遍。霆：閃電。生成之德：養育之恩德，指天地化育萬物的功能。這裡是以自然界的現象來作比喻，例如霜、雪、雷、霆雖然猛烈，但能夠讓遍地雨露均霑、化育天地萬物，其恩德甚為深大。

使透關而徹悟。❸⁸策（策）發不用權❸⁹，則嚴規肅矩，祇成死法，亦不能使憤厲❹⁰而向前。故鍛鍊一門，事有千變而機用至活也。

善能❹¹使人省發者，行坐定香，不可太久。坐太久，則昏倦必生，而話頭無力矣；行太久，則足力疲倦，而坐便昏沈矣。故禪門常規，行坐必香一炷❹²，而餘酌而中之❹³，短香可以一炷，長香止用折半。坐半炷，則靜參必

---

❸⁸ 威：震懾。疲怠：懶散、困倦。「策」原為驅趕馬畜的鞭棒，引申為駕馭、督促，使其進步之意。「發」則有醒發、激發的意思。這裡是說，長老若不懂得懾服學人的方法，則當學人的心退沒疲憊時，就沒有辦法督促激發學人進一步透關徹悟。如姚秦・鳩摩羅什譯，《成實論》卷12即云：「心退沒時應用發相……若沒不發，則復懈怠。」（《大正藏》冊32，第1646號，頁334下25-頁335上1）

❸⁹ 權：權宜、變通。

❹⁰ 憤厲：發憤激勵。

❹¹ 善能：善於、擅長。

❹² 香一炷：古人燃香計時，一炷香約為半個時辰（一小時）。

❹³ 酌而中之：即「酌中」，乃適中的意思。

精彩，㉔稍欲㉕倦而下單㉖經行矣。行半炷，則動參必猛利，㉗足欲疲而抽解消息㉘矣。

然參禪打七至時日稍久，夜分過半，㉙禪眾漸趨倦怠，為長老者，以甘言誘之而不加勸也，以和顏接之而不加厲也；㉚即策（策）之以香板，而模糊如故也。㉛此

㉔ 靜參必精彩：精彩，指精神光采。這句是說打坐時能有精神。

㉕ 欲：將要。

㉖ 下單：即下座。在禪林中，「單」原是指記錄文書的紙片，例如「名單」，乃是書寫僧人名字的紙片，用來貼置於各人的座位或床位上。

㉗ 動參必猛利：動參，動中參禪，這裡指經行。這句是說動中參禪必定勇猛精進。

㉘ 足欲疲而抽解消息：「抽解」原為抽身解衣之意，後來引申為如廁之代用語。「消息」意謂停止、休息。此句指腳將疲累時便可稍作休息。

㉙ 時日：指時間。夜分：此指夜晚。這句是說參禪之時間已久。

㉚ 甘言：好聽的話。厲：嚴肅、激勵。這二句是說，以好聽的話來誘導學人而不加以規勸，以和顏悅色來接引而不嚴肅激勵。

㉛ 而：連詞，卻。模糊：含糊、馬虎。這裡是說，即使以香板策勵，學人依舊混水摸魚。

時欲作其氣㉝㉜、賈其勇㉝㉝，惟有奮大機權、㉝㉞施大毒辣、發大忿怒，或閧（鬨）堂㉝㉟詬罵，或旋風㉝㊱捶打。所謂多

㉝㉜ 作其氣：振作其士氣。

㉝㉝ 賈《ㄍㄨˇ》其勇：使學人鼓足勇氣。「賈」為賣的意思，這裡有個典故，周・左丘明傳、晉・杜預注、唐・孔穎達疏，《春秋左傳注疏》卷 25 云：「欲勇者，賈余餘勇。」（收錄於《文淵閣四庫全書》冊 143，上海：上海古籍出版社，2003 年，頁 535）「賈余餘勇」是說勇氣多到有剩餘還能夠賣，後來就以「賈勇」來形容鼓足勇氣的意思。如《憨山老人夢遊集》卷 7：「侍者在介，事事賈勇先登，不避艱險，其功居多。」（《新纂卍續藏》冊 73，第 1456 號，頁 504 下 5-6）

㉝㉞ 奮大機權：乃指禪師施展各種殺活機用。奮：施展。機權：機智權謀。

㉝㉟ 閧《ㄏㄨㄥˋ》堂：「閧」為鬥或喧鬧之意。在這裡，閧堂指的是滿屋、滿堂。如《大慧普覺禪師宗門武庫》：「後數日舉立僧秉拂，機思遲鈍，閧堂大笑。」（《大正藏》冊 47，第 1998B 號，頁 947 上 4-5）

㉝㊱ 旋風：形容動作迅疾或來勢威猛。

人憤恨語、不可聽聞語、如火燒心語。❸❸❼崩崖裂石、拋向面前,而禪人之昏倦,廓然立散矣。❸❸❽譬之陰霾沈

---

❸❸❼ 這幾句可見於《華嚴經》及《佛說十地經》等,皆是指應捨離的粗惡語,如唐・實叉難陀譯,《大方廣佛華嚴經・十地品》卷35:「性不惡口,所謂:毒害語、麁獷語、苦他語、令他瞋恨語、現前語、不現前語、鄙惡語、庸賤語、不可樂聞語、聞者不悅語、瞋忿語、如火燒心語、怨結語、熱惱語、不可愛語、不可樂語、能壞自身他身語,如是等語皆悉捨離。」(《大正藏》冊10,第279號,頁185中9-13)

❸❸❽ 廓ㄎㄨㄛˋ然:阻滯盡除、空曠寂靜的樣子,如明・高啟撰,《鳧ㄈㄨˊ藻集》卷4:「讒疑之跡,廓然而雲銷,渙然而冰釋。」(收錄於楊家駱編,《高啟大全集》,臺北:世界書局,1964年)本句指禪師利用惡毒語,如落石般拋向昏散的禪人,使之疲怠昏倦一掃而空。

霧㉝、晻暍苦人㉞，迅霆㉞一擊，而句萌甲坼、萬物怒生矣。㉞又如臨大壑、對深濠，㉝安常處順㉞，千萬人不能跳越也；大兵猛虎驅其後，則一擲㉞而過矣。

㉝ 陰霾沈霧：壓抑沉悶，彷彿被濃霧所壟罩。
㉞ 晻ㄢˇ、暍ㄏㄜˋ苦人：因暑熱神志不清所苦的人。晻：同「暗」，昏瞶、愚昧。見唐・慧琳撰，《一切經音義》卷55：「古文晻、陪二形，今作暗。」（《大正藏》冊54，第2128號，頁675下3）暍：中暑。《一切經音義》卷44：「暍，傷熱暑也，從日曷聲，或作愒。」（《大正藏》冊54，第2128號，頁601下18）
㉞ 迅霆：猶迅雷。
㉞ 句萌：亦作「勾萌」，「句」乃彎曲、拳曲之意。此指草木初生的嫩芽，或是草木發芽生長。甲坼ㄔㄜˋ：「坼」為裂開、分裂之意。此指花芽綻開或種子發芽時外皮裂開。怒生：蓬勃生長。此處形容禪眾經迅雷手段啟發後，蓬勃新生的樣子。
㉝ 大壑：大坑谷。深濠：防禦、護城的深溝。此處指面對大坑谷、深溝渠。
㉞ 安常處順：安於常態、處於順境。
㉞ 擲：跳躍。

臨濟曰:「或把機權喜怒。」[346]至汾陽[347]、慈明[348],慣用此法也,非所謂嫡骨相承[349]者哉?故善知識者,其心至慈,其用至毒,所具者諸佛菩薩之心,而所行者阿修羅王之事,乃可以扥動[350]三有[351]大城,而不懼也。無

---

[346] 或把機權喜怒:此語乃出自臨濟禪師。(見《鎮州臨濟慧照禪師語錄》,《大正藏》冊47,第1985號,頁501上4)又,漢月禪師也曾說過:「如何是機權喜怒?師云:『笑裏有刀,刀頭有密(蜜)。』」(《三峰藏和尚語錄》卷3,《嘉興藏》冊34,第B299號,頁140上19-20)

[347] 汾陽:指北宋的汾陽善昭禪師。

[348] 慈明:慈明楚圓禪師,為善昭禪師法嗣。

[349] 嫡骨相承:此指禪宗正統的傳承。

[350] 扥ㄊㄨㄛ、動:攪動。

[351] 三有:參見註[55]。

厭[352]、勝熱[353]，未嘗傷一蟲蟻；而屠裂割剝[354]，窮刑極罰[355]，增人厭怖。通此用者，乃可為人抽釘拔楔、敲枷打

---

[352] 無厭：指《華嚴經》中，善財童子五十三參之一的無厭足王。因其國土眾生多行殺盜等業，邪見很深，各種方便都難以使其捨離惡業，因此，已得菩薩如幻解脫的無厭足王為了調伏眾生，示其瞋相，傷煞眾生，令其心生惶怖、厭離而捨去惡業，住十善道。無厭足王雖行傷煞之事，但心中皆是悲憫，即便是對一蚊一蟻，都未曾起過一念的惡意。（詳見唐・實叉難陀譯，《大方廣佛華嚴經・入法界品》卷 66，《大正藏》冊 10，第 279 號，頁 355 下 24- 頁 356 上 7）

[353] 勝熱：指《華嚴經》中，善財童子五十三參之一的勝熱婆羅門。他於四面火聚中，登上刀山，再投身入火，並告訴善財童子，若也能上刀山投身火聚，則諸菩薩行悉得清淨。原本善財童子感到遲疑，擔心這是魔假扮善知識來障道的。後來諸梵天、魔、天王、天人、龍王、夜叉王……等，皆出現勸慰，善財童子即懺悔自己對善知識所生起的不善心，隨後登上刀山，自投火聚，並得寂靜樂神通三昧。原來，勝熱婆羅門已得無盡輪解脫，能斷惑網、破癡闇，他示現癡迷之相，接引諸異道，刀山、火聚都是法門，能令入者破其執著。（詳見唐・實叉難陀譯，《大方廣佛華嚴經・入法界品》卷 64，《大正藏》冊 10，第 279 號，頁 346 上 24- 頁 348 上 15）高峰原妙禪師即云：「如善財童子，參勝熱婆羅。大火聚中，投身而入。正恁麼時，人法俱忘，心機泯絕。」（元・持正錄、洪喬祖編，《高峰原妙禪師禪要》，《新纂卍續藏》冊 70，第 1401 號，

鎖。不然,則守死善道而已,自救且不了,而能為人乎? ㊌

大慧曰:「諸方說禪病,無有過湛堂者,只是為人時,下刃不緊。」㊍ 圓悟曰:「下手時,須至苦至毒,方始不虛(虛)付授也。神仙祕訣,父子不傳。」㊎ 從上鍛

頁 711 中 13-14)

㊊ 屠裂割剝:屠殺肢解並殘害。

㊋ 窮刑極罰:極盡地施以肉刑、死刑等重罰。

㊌ 抽釘拔楔:抽去釘子、拔出小木楔。禪門常以抽釘拔楔、解粘去縛,來比喻解除妄想疑惑、擺脫俗情迷障。守死:執意死守規矩而不知變通。這裡是說,長老自身要有足夠的能力,才能在適當機緣時,以不同方式策發根機各異的學人。若不知變通,執守於表面的善道,如此連自救都有困難,又如何能夠導引學人?

㊍ 見《大慧普覺禪師語錄》卷 15:「宗杲雖參圓悟和尚打失鼻孔,元初與我安鼻孔者,却得湛堂和尚,只是為人時,下刃不緊,若是說禪病,無人過得。」(《大正藏》冊 47,第 1998A 號,頁 875 上 28- 中 2)

㊎ 見《圓悟佛果禪師語錄》卷 16:「等閑垂手,殺人活人,初無窠窟,只貴緊峭。萬苦千辛,至嶮(險)至毒,下得斷命手脚,然後不虛印授也。白雲師翁(指白雲守端禪師,1025-1072)云:『神仙祕訣,父子不傳。』」(《大正藏》冊 47,第 1997 號,頁 787 上 6-9)

鍊門庭，類❸⁵⁹皆如此。使不用此策（策）發，猶駕馬者，止令伏櫪❸⁶⁰，不加鞭影❸⁶¹，雖有驊騮騏驥、追風天馬❸⁶²，亦困鹽車矣❸⁶³，安所得飛黃、腰褭之用哉？❸⁶⁴

---

❸⁵⁹ 類：大抵、大都。
❸⁶⁰ 伏櫪：亦作「伏歷」，形容馬伏在槽上受人馴養。
❸⁶¹ 鞭影：馬鞭的影子，比喻鞭策之意。
❸⁶² 驊騮騏驥：驊騮ㄏㄨㄚˊ ㄌㄧㄡˊ 為赤紅色的駿馬，乃周穆王的八駿之一。騏驥ㄑㄧˊ ㄐㄧˋ 也是指駿馬，如晉‧郭象注，《莊子注》卷6云：「騏驥驊騮，一日而馳千里，捕鼠不如狸狌，言殊技也。」（收錄於《文淵閣四庫全書》冊1056，上海：上海古籍出版社，2003年，頁85）追風天馬：指奔馳速度飛快的神馬。此處皆指駿馬、神馬。
❸⁶³ 鹽車：運載鹽的車子。這裡有個典故，宋‧鮑彪校注、元‧吳師道重校，《戰國策校注》卷5：「夫驥之齒至矣，服鹽車而上太行，蹄申膝折，尾湛胕潰，漉汁灑地，白汗交流，外阪遷延，負棘而不能上。伯樂遭之，下車攀而哭之，解紵衣以冪之。驥於是俛而噴、仰而鳴，聲達於天，若出金石聲者。何也？彼見伯樂之知己也。」（收錄於《文淵閣四庫全書》冊407，上海：上海古籍出版社，2003年，頁163-164）後世就以「驥伏鹽車」或「汗血鹽車」來比喻才華遭到抑制且處境困厄。此句是形容人才被埋沒、抑制。
❸⁶⁴ 安所：何處、哪裡。飛黃：傳說中的神馬名。腰褭ㄋㄧㄠˇ：古代的駿馬名。此句是指如何能發揮駿馬的功用呢？這整段是以馬為喻，說明再好的人才若不得長老的識才與猛烈鍛鍊，就如同讓能夠

然則近世有通宵打七，竟不放參❸⁶⁵者，如何？曰：「此法似極猛利，而實最無益也。」蓋參禪打七，原以期悟道，而非之以遣睡魔，若止（只）以除瞌睡，入火場煉魔足矣，參禪保社❸⁶⁶不必進也。❸⁶⁷真欲求省發者，其喫緊處❸⁶⁸在中夜❸⁶⁹放參一睡，次日方得志氣清明、精神英

飛馳的駿馬去拉鹽車一樣，將會埋沒其天分。

❸⁶⁵ 放參：在禪院中，朝參、晚參等皆為日常行事，若臨時休止，就稱為放參。後來，轉而特指休止晚參為放參。據《勅修百丈清規》記載，由於汾洲苦寒，不適宜夜間坐禪，所以自北宋的汾陽善昭禪師開始，而有「放參」之說。（《勅修百丈清規》卷6，《大正藏》冊48，第2025號，頁1143中20-22）

❸⁶⁶ 參禪保社：指參禪道場。（「保社」參見註❸⁵⁸）

❸⁶⁷ 這裡是說，參禪打七乃是為了開悟，而不是只為了對治睡魔。明‧石成金著，《禪宗直指》即云：「佛法工夫，日間精進不可懈惰，不必言矣。凡每晚用工，只可更餘，不必過久。人若過子夜不睡，則血不歸肝，他日病由此致。又有一種人，能煉魔不臥，殊不知佛法工夫，豈在於睡不睡耶？」（《新纂卍續藏》冊63，第1258號，頁769上19-22）

❸⁶⁸ 喫緊處：喫緊猶「吃緊」，指重要、要緊處。

❸⁶⁹ 中夜：即晚上十點至清晨兩點之間。

爽，❸⓻⓪ 發起真疑，力求透脫。不達此機 ❸⓻①，死以捱香 ❸⓻② 為事，參不三日，行則雲霧，坐則醉夢，昏沈之至也，壓如泰山；❸⓻③ 而所謂話頭者，付之東流 ❸⓻④ 矣！尚 ❸⓻⑤ 望其心華發明 ❸⓻⑥ 也哉？豈惟 ❸⓻⑦ 參禪不得，而昏沈中更加亂想，著

---

❸⓻⓪ 志氣清明：指意志、神志清晰明朗。精神英爽：形容神情意態英俊豪爽。
❸⓻① 達：通曉、明白。機：指關鍵、樞紐。此指不明白修行的關鍵。
❸⓻② 捱ㄞˊ／香：心焦地等待一支香結束。
❸⓻③ 此處形容昏沉的狀態，走路時如雲霧飄擺，坐的時候如睡夢中糊里糊塗，如泰山壓頂般的沉重。
❸⓻④ 付之東流：比喻完全葬送或落空。
❸⓻⑤ 尚：副詞，猶、還。
❸⓻⑥ 心華發明：指開悟。乃以本心之清淨譬喻於華，故曰「心華」。如唐・宗密述，《大方廣圓覺修多羅了義經略疏》卷 2：「既無惡念之覆，即得正覺成就，心華發明，照十方剎。覺心既明，即慧光開發，觸向無染，故曰心華，稱體無邊，照十方剎。」（《大正藏》冊 39，第 1795 號，頁 568 下 6-9)
❸⓻⑦ 豈惟：何止。

景發譫❸,見鬼見神,繇❹此出矣,是謂不達方便之癡禪也。經云:「邪師過謬,非眾生咎。」❺豈不信哉?故深明鍛鍊者,通方便、識機權、遠過患,而後可以為善知識也。

---

❸ 發譫ㄓㄢ:發出譫語,指神智不清而胡言亂語。

❹ 繇:通「由」,自、從。

❺ 見唐・佛陀多羅譯,《大方廣圓覺修多羅了義經》:「邪師過謬,非眾生咎。」(《大正藏》冊 17,第 842 號,頁 916 下 5)過謬:指行事失當。

8

奇巧回換第七

　　本篇開頭再次強調機下透脫與冷地觸發二種開悟的不同,戒顯禪師認為,唯有機下透脫才能真正受用、大振宗門。因此,長老不僅要深諳臨濟宗的四賓主、三玄三要、四照用、四料揀等方法,熟練地知道以何等法去對應何等機;還要熟悉五家綱宗,當學生用不上力時,禪師不可固守死法,要能夠立即反應,靈巧地調換其他方法。而其回換方法,則可分為法戰之回換、室中之回換、回換之回換,以及不回換之回換等四種。

省發一也，然機下透脫與冷地觸發，其功用迥然不等。㉛

　　冷地參究者，就體消停㉜，不得善知識鉗錘移換，每㉝十年二十年，而不得省發；即或暗地點胷（胸）點

㉛ 這裡是說，在機鋒鍛鍊之下的省發，與冷灰豆爆（參見註 ⑭）式的省發，二者雖然都能領會禪機，但能發揮的功用是不一樣的。有關省發易、付授難之說明，詳後文〈14 謹嚴付授第十三〉。

㉜ 就體消停：此語出自唐代曹山本寂禪師（840-901），〔日〕玄契編《撫州曹山本寂禪師語錄》卷 1：「從緣薦得相應疾，就體消停得力遲。」（《大正藏》冊 47，第 1987B 號，頁 539 下 26-27）這是說，緣境會心體悟得快，但若將動、靜打作二邊，一昧追求寂靜，必然不易得力。如明・隆琦等編，《費隱禪師語錄》卷 7 即云：「古佛家風從緣薦得，匝地優曇；就體消停，荊棘橫生。所以學道人貴乎緣境會心，從心了境，心境一如，方名解脫。」（《嘉興藏》冊 26，第 B178 號，頁 138 中 16-18）又如，清・超琦彙，《普濟玉琳國師語錄》卷 10：「古人所謂『從緣薦得相應捷』也，豈動、靜打作兩橛、就體消停者可同年而語哉？若動中不善用心，靜中必然悠悠忽忽，動、靜兩失之矣。」（《補編》冊 27，第 152 號，頁 614 上 8-10）

㉝ 每：常常、往往。

肋❹,至兩刃交鋒❺,即出手不得。

　　機下透脫者,其偷心必死,疑根必盡,解路❻必絕,至險崖機下,轉處得力而遊刃有餘。是故從上古錐,論悟道者,必貴乎機下也;馬祖、百丈、黃檗、臨濟,以至汾陽、慈明、東山、圓悟、大慧諸老,皆大機大用,電閃雷奔,不可近傍,一鎚、一㭬❼、一捱拶、一回換❽,命根

---

❹ 點胷ㄒㄩㄥ點肋:此語出自唐代的德山禪師,見《正法眼藏》卷1:「點胷點肋,稱楊稱鄭,到遮(這)裏須盡吐却,始得無事。」(《新纂卍續藏》冊67,第1309號,頁574中9-10)又,清‧寂空等編,《明覺聰禪師語錄》卷5亦云:「切莫禰(稱)鄭禰(稱)楊,點胷點肋,須知更有向上一路,始得正當。」(《龍藏》冊158,第1652號,頁61中4-5)此指開口即錯,動念即乖,因此點胸點肋、指東指西,總是無用。

❺ 兩刃交鋒:指禪師與學人間的機鋒往來。如清‧智淙等編,《雲溪俍亭挺禪師語錄》卷4:「主賓相見,譬如兩刃交鋒,一往一來,左衝右突。」(《嘉興藏》冊33,第B294號,頁739中24-25)

❻ 解路:以思維去解析。

❼ 㭬:同「築」,敲打。(參見註❷❹❼)

❽ 回換:調換、置換之意。

頓斷，正眼洞明，大龍大象，雲興霧擁❸❽❾，宗門斯❸❾⓿鼎盛矣。

　　至元代以後，列祖鍛鍊之法不行，止貴死坐冷禪，寒灰枯木、古廟香爐、冷啾啾地，❸❾❶不動不搖，以為得力；反詆諸祖機用，以為門庭施設，黜五家綱宗為奇名異相、牢籠學者，而宗風遂大壞矣。❸❾❷

---

❸❽❾ 雲興霧擁：比喻祖師以大機大用鍛鍊出的龍象弟子們，如雲霧興起般聚集瀰漫，故而宗門興盛。

❸❾⓿ 斯：連詞，則。

❸❾❶ 這邊有個典故，唐代石霜慶諸禪師曾云：「休去歇去、冷啾啾地去，是謂二乘寂滅之樂。」（《正法眼藏》卷1，《新纂卍續藏》冊67，第1309號，頁569中18-19）其門下學人，常坐如枯木一般，當時被稱為枯木禪。故若有執於死坐冷禪者，常以寒灰枯木等詞來形容。

❸❾❷ 黜：貶降。綱宗：指禪門各宗派之綱要宗旨（參見註❷❷）。這段是說，元代以後許多長老不施行鍛鍊之法，教導學人只要不動不搖地打坐下去就是得力之道；不但如此，還反過來詆毀祖師們的機用就如同門戶擺設一般，更貶斥禪門各宗派綱宗只不過以奇特的名相，來欺騙、束縛學人，因而宗風漸壞。

是故奪人、奪境、奪法，臨濟七事㊳不明；左咬右咬，咬去咬住，巖頭㊴活法不諳，則必不能當機移換。其法既失，有請益者，止有開示死話頭，令其灰心冷坐，相率入枯木堂㊵、習不語禪；妙喜呵㊶為默照邪禪者，反室中祕授以為至寶。傳至明葉，此教盛行，縠是走禪門者，類以枯坐之久暫，敘功夫之勝劣，提著悟字，如呼父名，如犯國禁，而參禪一法，遂為葬送人根之地矣。㊷

㊳ 臨濟七事：「七事」即「七事隨身」，原是指將領上陣所須具備的七種武器，或是僧人隨身攜帶的七樣物品，但這裡指的是臨濟義玄禪師認為優秀禪師所應具備的七種能力。清・性統編，《五家宗旨纂要》卷1：「濟宗七事隨身。一、殺人刀：斬犀截象，伏屍萬里。二、活人劍：鋒鋩不犯，絕後再甦。三、腳踏實地：行行皆路，步步不差。四、向上關捩子：迥出尋常，踏著便轉。五、格外說話：牛口言語，馬口會取。六、訥僧巴鼻：訶佛罵祖，踢倒須彌。七、探竿影草：別真辨假，斂跡藏踪。」（《新纂卍續藏》冊65，第1282號，頁260上7-14）這些乃是禪師用來防止學人揣度、邪見與謬誤的手段。
㊴ 巖頭：指唐代的巖頭全豁禪師（828-887），為德山宣鑑禪師法嗣。
㊵ 枯木堂：指禪眾參禪打坐的僧堂。（參見註⑳）
㊶ 呵：喝斥。
㊷ 縠是：於是。走：前往；拜謁。類：大抵、大都。這裡是說，這些到各禪門拜謁求道者，大都以打坐的時間長短來評議其功夫之優

幸天童悟和尚，以一棒闢其門庭，而奮大機用；三峰藏和尚，以七事行其鍛鍊，而究極(398)綱宗；本師靈隱禮和尚，復以五家(399)妙密，多方通變，而廣被羣機(400)。繇是料揀(401)，照用、賓主，回換之法，復見於世，而宗門日月，赫然中興矣。

蓋學家參禪，不得洞悟，病有多端：有扞格(402)而不前者，有廉纖(403)而不斷者，有死銜話頭而不起疑情者，有沈坐冷灰而竟當本分者，有認揚眉瞬目為全提者(404)，有執一言半句為了徹者，有穿鑿公案為博通者(405)，有卜度綱宗

劣；若提到悟字，就好似直呼父名或是犯了國家禁令一般。如此一來，這樣的參禪方式，反而會斷送不同根器者的修行。

(398) 究極：深入探究。

(399) 五家：指臨濟宗、雲門宗、溈仰宗、法眼宗及曹洞宗。

(400) 廣被羣機：指對於各種根機的學人都能夠靈活運用鍛鍊之法。

(401) 料揀：指「四料揀」。（參見註(73)）

(402) 扞格：抵觸，格格不入。（參見註(104)）

(403) 廉纖：指參學者以情識分別黏著之言語。（參見註(87)）

(404) 全提：指的是「正令全提」，為禪者特有的心印傳授之法。這裡是說，學人錯把禪師橫眉怒目的表情動作，誤認是彼此的心印傳授。

(405) 指學人將公案牽強附會，還以為自己廣泛通曉禪意者。

為究竟者,有一切剷抹為向上者❹⓰,有不上機境為獨脫者❹⓱;有以古今公案為分外枝節❹⓲者,有以最後牢關為強移換人者❹⓳。總因不經師匠,不得真悟,不透綱宗,偏知異見,舉起千差❹⓴。

❹⓰ 指學人誤認為將一切都剷除,就是向上一路、由迷至悟的境界。
❹⓱ 指學人尚未經老師施設機法、機鋒應對認可,卻以為已達獨立超脫、無所依賴的境界。
❹⓲ 分外枝節:本分之外所橫生旁出的枝節,猶「節外生枝」,如《圓悟佛果禪師語錄》卷1:「若據本分草料,猶是節外生枝。」(《大正藏》冊47,第1997號,頁714下22)
❹⓳ 強:強橫。「強移換人」的說法最早出自圓悟禪師,他曾參謁多位祖師,皆被讚美為法器,最後參五祖法演禪師,卻每每不被認可,於是出言不遜,說法演禪師是強移換人,並忿而離去。後來因傷寒重病,發現平日所學全用不上,因而懺悔,痊癒後又回到了法演禪師身邊作侍者,經過法演禪師的鍛鍊而徹悟。(詳見《五燈會元》卷19,《新纂卍續藏》冊80,第1565號,頁396上14-中7)這裡是說,有些未徹悟的學人自認已證悟,而我見增長,遇到明眼禪師點撥時,還生起貢高我慢的執見,批評對方是強移換人。如明‧鮑宗肇述,《天樂鳴空集》卷1:「或遇明眼者撥之,則謂強移換人,或謂:『爾不及我,不曾到我田地。』便乃生起我慢貢高執見。」(《嘉興藏》冊20,第B097號,頁476中18-20)
❹⓴ 舉起千差:講起來千差萬別,指差錯很多。

所貴善知識者，因病與藥，看孔下鍼（針）。如郢人削堊，運斤成風；❹⓵如庖丁解牛，披却導窾。❹⓶一機之下，一句之閒（間），能令學人枷鎖頓脫，心眼洞開，其法在於善用回換。回換不一，有法戰❹⓷之回換，有室中之回換，有回換之回換，有不回換之回換。

---

❹⓵ 郢人削堊，運斤成風：在此用來比喻禪師成熟、高超的鍛鍊技巧。「堊ㄜˋ」是白色的土，「斤」指斧頭。這裡有個典故，莊子送葬時經過惠子的墓地，於是跟旁人說，有一個石匠揮動斧頭，如風一般輕巧地削去郢人鼻尖上薄如蠅翼的白土，而郢人面不改色，後來宋元君知道了，要石匠表演這個技術，石匠回答宋元君，自己的確有這樣的技術，但是那個可以讓自己以斧削鼻上塵土的夥伴已死去很久了。莊子以此故事，感嘆惠子死後，就沒有可以和自己論辯的人。（詳見《莊子注》卷8，收錄於《文淵閣四庫全書》冊1056，上海：上海古籍出版社，2003年，頁124）故「郢人」可用來比喻知己、善知識，這裡指的是禪師。

❹⓶ 庖丁解牛，披却導窾：「披」是分割、割斷，「窾ㄎㄨㄢˇ」指空隙、洞穴。這句典故出自《莊子》，是說技巧高超的廚師因熟悉牛的肌理，懂得在骨節空隙處運刀，牛體自然迎刃而分解。（詳見《莊子注》卷2，收錄於《文淵閣四庫全書》冊1056，上海：上海古籍出版社，2003年，頁20）在此處，也是用來比喻禪師對鍛鍊學人的方法了解透徹，善於從關鍵處入手而運用自如。

❹⓷ 法戰：指禪門師家與學人間的機鋒相對、互相勘驗。

法戰回換者，眾中逼拶，學人出語，有隙即攻，有瑕即擊。能返擲者，更加以追蹤之句；死機下者，即示以活人之刀。轉轆轆❹❶❹、活卓卓❹❶❺，務令學人無處立腳，即與斷命根不難矣。

　　室中回換者，學人或明前而不能明後❹❶❻，或道頭而不知道尾。或箭欲離弦，但須一撥❹❶❼；或泉將出竇❹❶❽，止在一通。長老不妨令其再問，或代一語❹❶❾而即悟，或更一

---

❹❶❹ 轉轆轆：「轆轆」原用來形容車子行走時車輪轉動的聲音或樣子。此處以車輪的旋轉，比喻圓轉無礙、自由自在的境地。

❹❶❺ 活卓卓：形容禪師機關運用靈活高超。「卓卓」為傑出、高超之意。宋・善開等錄，《松源崇嶽禪師語錄》卷 2：「直要超情離見，機關活卓卓地，未舉先知，未言先領，才有朕兆，一剪剪斷，終不向意根尋思。」（《新纂卍續藏》冊 70，第 1377 號，頁 103 上 12-14）

❹❶❻ 明前而不能明後：形容學人對禪法沒有完全通曉，就猶如凡夫眼根的有限視野一般。語出唐・般刺蜜帝譯，《大佛頂如來密因修證了義諸菩薩萬行首楞嚴經》卷 6：「見性雖洞然，明前不明後；四維虧一半，云何獲圓通？」（《大正藏》冊 19，第 945 號，頁 130 中 10-11）

❹❶❼ 一撥：指弓箭離弦時手指分開放弦的動作。

❹❶❽ 竇：孔穴、洞口。

❹❶❾ 代一語：即代語。共有二種，第一種是代現前禪眾下語，即禪師垂

字而廓然。此神仙國手而最為奇巧者也。

　　回換之回換者,佛性誰無,別曰:「誰有?」而其僧即悟。❷⓪ 入門逢彌勒,出門見達摩。別曰:「入門逢甚麼,出門見阿誰?」而其僧亦悟。❷① 乃至「胡張三、黑李

語,令學人下語,不契則自己代眾下語,第二種則是代古人下語。(詳見《禪林象器箋》卷11,《補編》冊19,第103號,頁449上12-16)

❷⓪ 這幾句的典故出自五代十國時期護國守澄禪師與演化知遠禪師的故事。當時二人同在湖南報慈禪師處,演化禪師問報慈禪師:「如何是真如佛性?」報慈禪師回答:「誰無?」參退後,首座問演化禪師懂不懂,並說破了答案告訴他。旁邊的守澄禪師看到這情形,告訴演化禪師佛法不是這樣的,叫他再去問報慈禪師,結果報慈禪師又叫他回問守澄禪師,於是演化禪師再問守澄禪師:「如何是真如佛性?」守澄禪師回答:「誰有?」演化禪師就在當下開悟了。(詳見宋・正覺頌古、元・行秀評唱,《萬松老人評唱天童覺和尚頌古從容庵錄》卷2,《大正藏》冊48,第2004號,頁245上29-中15)

❷① 這個例子出自於北宋隨州修山禪師。見宋・師明集,《續古尊宿語要》卷5:「舉。有僧見修山主(即修山禪師),主云:『出門見釋迦,入門逢彌勒。』僧不肯,復問古德。德云:『出門見阿誰?入門逢什麼?』這僧便悟去。」(《新纂卍續藏》冊68,第1318號,頁471上17-19)

四,昨日是今日不是」等。❷ 此回換之回換也。

不回換之回換者,「如何是曹源一滴水?」荅(答):「是曹源一滴水。」;❷ 丙丁童子來求火;❷ 無雲生嶺

---

❷ 北宋的和州開聖覺禪師於室中參謁五祖法演禪師時,被問道:「釋迦、彌勒猶是他奴,且道他是阿誰?」開聖覺禪師回答:「胡張三、黑李四。」法演禪師大喜,告訴了首座圓悟禪師,但圓悟禪師覺得這回答雖好,卻恐怕還不夠嚴實,應再搜刮,不可隨便放過。於是隔天法演禪師又問了一次,並說前一日開聖覺禪師的回答不是。開聖覺禪師反問法演禪師為何反覆,法演禪師回答:「昨日是,今日不是。」開聖覺禪師就於言下大悟了。(詳見宋·道謙編,《大慧普覺禪師宗門武庫》,《大正藏》冊47,第1998B號,頁954下1-10)

❷ 五代十國的天台德韶禪師(891-972),領眾行腳至法眼文益禪師(885-958)處,某日法眼禪師陞座時,有僧人問:「如何是曹源一滴水?」法眼回答:「是曹源一滴水。」僧人惘然而退下,而當時在眾中的德韶禪師聽到後,卻忽然大悟。(見《佛果圜悟禪師碧巖錄》卷1,《大正藏》冊48,第2003號,頁147下1-7)

❷ 唐代的報恩玄則禪師曾參謁青峰禪師,問道:「如何是學人自己?」青峰禪師回答:「丙丁童子來求火。」後來參法眼禪師,玄則禪師提出了疑問:「丙丁屬火,而更求火,如將自己求自己?」法眼禪師要他也問自己再告訴他答案,於是玄則禪師問了同樣的問題:「如何是學人自己?」法眼禪師回答:「丙丁童子來求火。」結果玄則禪師就於言下頓悟。(見宋·普濟集《五燈會元》卷10,

上,有月落波心等。㊭但重舉一轉,而前人即徹。此雖不回換,而亦回換也。

　　善知識者,於是諸法,如承蜩㊮,如弄丸㊯,如貫

　　《新纂卍續藏》冊 80,第 1565 號,頁 208 上 22- 中 4)
㊭ 北宋的翠巖可真禪師(?-1064)以遍參而自負,後來參慈明楚圓禪師,楚圓禪師問他:「如何是佛法大意?」他回答:「無雲生嶺上,有月落波心。」沒想到被楚圓禪師喝斥,於是他恭敬地請求指示,楚圓禪師要他回問自己,在他趨前詢問後,楚圓禪師大吼回答:「無雲生嶺上,有月落波心。」可真禪師於是頓明大法。(詳見宋・正受編,《嘉泰普燈錄》卷 3,《新纂卍續藏》冊 79,第 1559 號,頁 304 中 4-9)
㊮ 承ㄓㄥˇ蜩ㄊㄧㄠˊ:承通「拯」,引取。蜩則為蟬的一種。「承蜩」是以竿取蟬,其典故出自《莊子》的「痀僂承蜩」故事,講述孔子去楚國遊歷時,看到一個老人以竿黏蟬的技巧,高超到就像在地上拾取東西一般容易。(詳見《莊子注》卷 7,收錄於《文淵閣四庫全書》冊 1056,上海:上海古籍出版社,2003 年,頁 94-95)此處以「承蜩」譬喻禪師鍛鍊技巧的高超。
㊯ 弄丸:兩手上下拋接多個彈丸不使落地的技藝。這裡是指「宜僚弄丸」,典故出自春秋時期,楚莊王有個勇士叫熊宜僚,號稱一人可敵五百人,善於弄丸為戲。(詳見《莊子注》卷 8,收錄於《文淵閣四庫全書》冊 1056,上海:上海古籍出版社,2003 年,頁 125)

蝨❹²⁸，發之而必應，用之而無滯者，何耶？曰：「以能用綱宗而以活機接人故也。」得宗綱，則料揀熟而回換得行，手精眼快，明辨來風，一任旋乾而轉坤❹²⁹，移星而換斗❹³⁰，向上牢關，可令人人透脫。止重本體禪而不諳綱宗，則前人一機一境❹³¹，橫拈豎弄，死守膠盆❹³²，長老無

---

❹²⁸ 貫蝨：貫穿蝨心，形容射箭技巧非常精妙。典故出自《列子》，紀昌的射箭技巧極佳，他以燕國的牛角做弓、北方出產的篷竹作為箭桿，射一隻以犛牛尾巴的毛所懸掛起來的蝨子，箭穿透了蝨心，但毛卻沒有斷。（詳見周・列禦寇撰，《列子》卷 5，收錄於《文淵閣四庫全書》冊 1055，上海：上海古籍出版社，2003 年，頁 623）

❹²⁹ 旋乾而轉坤：謂改天換地，從根本扭轉局面。

❹³⁰ 移星而換斗：形容手段高超。

❹³¹ 一機一境：指禪師接引學人時的機法。（參見註 ❶⁰⁸）

❹³² 膠盆：同「膠盆子」，指盛膠之盆，比喻文字葛藤。如《鎮州臨濟慧照禪師語錄》：「如有真正學人便喝，先拈出一箇膠盆子。善知識不辨是境，便上他境上作模作樣。」（《大正藏》冊 47，第 1985 號，頁 501 上 5-7）

道以回換,則藥汞銀禪 ❹❸❸ 得以假雞偷關竟過 ❹❸❹,而悟不徹頭矣。然則 ❹❸❺,欲鍛鍊禪眾者,綱宗所係,豈細故 ❹❸❻ 哉?

---

❹❸❸ 藥汞銀禪:水銀若加以燒炙便會褪色,不是真銀,意指學人沒有真正徹悟。明‧良彥等編,《楚石梵琦禪師語錄》卷7:「恁麼參的,是藥汞銀禪,此銀非真,一煅(鍛)便流。」(《新纂卍續藏》冊71,第1420號,頁580上23-24)

❹❸❹ 假雞偷關竟過:偽裝欺騙而過關的意思。這裡有個典故,戰國時期的孟嘗君為免秦兵追殺,於是讓食客馮驩模擬雞叫,守關者依雞鳴而開關門,使孟嘗君得以安然通過。宋‧集成等編,《宏智禪師廣錄》卷2即云:「假雞聲韻難謾我,未肯模胡放過關。」(《大正藏》冊48,第2001號,頁20中5-6)

❹❸❺ 然則:如此、那麼。

❹❸❻ 細故:指細小而不值得重視的事情。

9

斬關開眼第八

　　戒顯禪師認為，長老若想要為學人斬破關卡、開智慧眼目，其要訣就是在適當時機使用逼拶、回換、開導及策發四種方法。坐香的時候適時開導及策發，能使學人悟入的門徑正確並且維持精進；行香的時候適時逼拶及回換，能杜絕學人以意識思維用功的種種毛病。如此，禪師再施以殺活手段，則鍛鍊的力量更強，而能事半功倍。對於參學尚淺而意氣強盛的學人，當用殺法；而號稱老參卻灰冷成病的學人，則應用活法；至於具龍象英姿資質特佳的學人，則可殺活並行，手段更加猛烈，只待時機一到，立刻以殺活聖箭予以一擊，則命根必斷。

回換固難矣,至斬破重關、開人眼目,非鸇眼龍睛❹㊲、具弄大旗手腳㊳者不能,則尤難之難也。當機衝

---

❹㊲ 鸇ㄓㄢ／眼龍睛:像鸇鳥和龍的眼睛一樣突出且靈活,用來形容禪師慧眼。如宋·蘊聞錄,《大慧普覺禪師普說》卷1:「若是箇鸇眼龍睛底漢,纔聞舉著,如香象渡河,徹底截流而過。」(《卍正藏》冊59,第1540號,頁810中18-19)

㊳ 弄大旗手腳:喻指禪師大開大闔、直示心法的鍛鍊手段。如明·清歲等編,《恕中無慍禪師語錄》卷6:「暇日讀真淨和尚寄荊南高司戶五偈,愛其直示心法,如雲廓天布,絲毫無隱,真弄大旗鼓手段也。」(《新纂卍續藏》冊71,第1416號,頁439上7-9) 又《大慧普覺禪師宗門武庫》:「眼乃辭五祖,參歸宗真淨和尚去。後祖謂圓悟曰:『歸宗波瀾闊,弄大旗手段。遠到彼,未必相契。』」(《大正藏》冊47,第1998B號,頁946上8-10)

突，觀乎時節；㊴非其時，則博浪之椎㊵不宜舉也。伏兵擊殺，貴乎險隘㊶；不當隘，則馬陵之弩㊷不宜發也。欲得斬關之訣，其功存乎逼拶，其奧在乎回換，而其力則又係㊸乎開導而策發。不開導則行路或岐，不策發則縱火

㊴ 當機衝突，觀乎時節：「衝突」有碰撞、近戰之意。這裡是說，禪師與學人機鋒交戰時，禪師應觀察時機，在最契合禪機及學人狀態時給出適當的反應。

㊵ 博浪之椎：此典故出自張良與刺客埋伏在博浪沙、以大鐵椎刺殺秦始皇的故事，因大鐵椎未擊中秦始皇座車，僅砸碎了副車而失敗。見漢‧司馬遷撰，《史記》：「良嘗學禮淮陽，東見倉海君。得力士，為鐵椎重百二十斤。秦皇帝東游，良與客狙擊秦皇帝博浪沙中，誤中副車，秦皇帝大怒，大索天下求賊，甚為張良故也，良乃更名姓，亡匿下邳。」（《史記‧世家第25》卷55，臺北：東華書局，1985年，頁640）

㊶ 險隘ㄞˋ：險要處。

㊷ 馬陵之弩：此典故出自戰國時期齊國殲滅魏軍於馬陵道的著名伏擊戰。馬陵道位在兩座高山之間，山勢險要，中間只有一條狹路可通，齊國軍師孫臏命一萬名弓箭手埋伏在兩側密林內，計誘龐涓進入馬陵道而大敗魏軍。（詳可見《史記‧列傳第5》卷65，臺北：東華書局，1985年，頁685）

㊸ 係：決定，乃指某一事物發揮的作用決定著另一事物的成敗得失。

不旺，不逼拶則心智❹不絕，不回換則賊情不窮❺。四法❻不盡❼而求人之噴地省悟❽，火❾未到而索飯，果未熟而求脫，雖負大名❿之長老、具大器之學家，惟機教不叩⓫，兩相辜負而已。

---

❹ 心智：此指才智思維。
❺ 賊情不窮：指學人因貪、瞋、癡而產生之情識知見難以杜絕。見清‧性統錄，《別菴禪師同門錄》卷3：「大凡做工夫如捕賊相似，欲捕真賊，先須辨賊情。」（《嘉興藏》冊39，第B445號，頁356中8-9）又，清‧弘贊編，《木人剩稿》卷1：「所謂三毒之魔，六根之賊，情識知見，苟不剗除，為魔賊所縛，終不能解脫獲大自在。」（《嘉興藏》冊35，第B326號，頁477上11-12）
❻ 四法：這裡乃指前述之開導、策發、逼拶、回換等四種方法。
❼ 盡：全部使出。
❽ 噴地省悟：指頓斷我執而開悟。如明‧智旭著，《靈峰蕅益大師宗論》卷5：「機緣到時，噴地悟去，方知世界身心，本是瞖眼空花。」（《嘉興藏》冊36，第B348號，頁342下20-21）又，明‧深有撰，《黃檗無念禪師復問》卷1：「年深日久，噴地折、曝地斷，生死利害纔奈何我不得，方好與人解粘去縛。」（《嘉興藏》冊20，第B098號，頁505下21-22）（可參見註 ⓯）
❾ 火：指火候。
❿ 負大名：享有盛名。
⓫ 機教不叩：叩通「扣」，指學人根機與禪師教化不能緊密相扣。

是故，善鍛鍊者，心不厭細，功不厭繁，事不厭周，法不厭備。❹長老同眾坐香，今日如是開導，明日如是策發，則路頭❸必正，而火力旺❹矣。隨眾經行，今日如是逼拶，明日如是回換，則心智必絕，而賊情窮❺矣。至於旺而加旺，窮而更窮，而所謂鷂眼龍睛，殺活刀劍者，可得而用矣。

　　有英年奇雋❻，意氣雖盛強，而參請日淺，活而未能死者，法當用殺；有號稱老參，工夫雖沈著，而灰冷成病，執而不能化者，法當用活。應殺而用活，薄處擉破其禪不真，❼往往易於承虛（虛）接響❽；應活而又殺，學

---

❹ 指長老鍛鍊時，其用心不嫌細緻，功夫不嫌繁多，備事不嫌周全，方法不嫌完備。

❸ 路頭：指悟入之門徑。（參見註⓽）

❹ 火力旺：指鍛鍊的力量更強。

❺ 窮：止息、杜絕。

❻ 英年奇雋：奇雋亦作「奇俊」。指英姿煥發、才智傑出的學人。

❼ 「擉ㄔㄨㄛˋ」乃戳、刺之意。這裡是說新參學人的功夫還很淺薄，宜用殺法阻斷杜絕思維，若反施以活法戳破殺法的阻斷，則領受的禪法不真而愈離愈遠。

❽ 承虛接響：乃承接、領受虛幻不實之意，此指未悟卻印可而以假為真。如《大慧普覺禪師語錄》卷30：「蓋近年以來，有一種裨販之

人灰滅病在膏肓,不應更於披枷帶鎖。方㊋其未悟也,用殺者常十之九,用活者止十之一,以殺易施而活難用也。

然而,又有殺活齊行者,斯何人哉?蓋有擎頭戴角、具佛祖剛骨、負龍象異姿而氣宇如王者,纔見如此人來,則羅網欲㊋寬、擒拏(拿)欲大、機穽(阱)㊋欲密、鉤錐㊋欲辣,敲骨打髓,捱㊋至百尺竿頭㊋;痛剳㊋深

輩,到處學得一堆一擔相似禪,往往宗師造次放過,遂至承虛接響,遞相印授,誤賺後人,致使正宗淡薄,單傳直指之風幾掃地矣。」(《大正藏》冊 47,第 1998A 號,頁 942 下 19-23)

㊋ 方:當,在。
㊋ 欲:須要。
㊋ 機穽ㄐㄧㄥˇ:原指設有機關的捕獸陷阱,這裡指的是禪師用以引導學人的機關施設。
㊋ 鉤錐:「鉤」是一種似劍而彎曲的兵器。「錐」是錐子,能用來鑽物。「鉤錐」乃用來比喻禪師嚴格的訓練手段。如明·通容輯,《祖庭鉗錘錄》卷 1:「大慧手段高,令他去皮去肉,末後向骨髓裡,深用鉤錐,直得鉢盂向地擎,以他悟處脫略。」(《新纂卍續藏》冊 65,第 1286 號,頁 381 下 3-5)
㊋ 捱:等待、熬。
㊋ 百尺竿頭:以長竿的頂端譬喻學人參禪達到最後的緊要關頭。
㊋ 剳ㄓㄚ:扎、刺。

錐，漸到懸崖撒手；張弩力滿，止在發機❹⁶⁶；遇賊隘途❹⁶⁷，不容眨眼。當斯時也，更無事❹⁶⁸策發、無庸❹⁶⁹回換，直須❹⁷⁰以殺活聖箭，迅雷一擊。緊峭言句，頂門一剳❹⁷¹，桶底自脫，命根立斷矣。此猶推人於萬丈之崖而不能停也、轉圓石於千仞之上而不可留❹⁷²也、亦如金鍼（針）之撥轉瞳神❹⁷³而立使光明也，豈不異矣哉❹⁷⁴？馬祖之接水潦、❹⁷⁵睦州之接雲門、大愚之接臨濟、❹⁷⁶巖頭之接

---

❹⁶⁶ 止在發機：「止」是等待之意。「發機」原是撥動弩弓的機關，喻指開始行動的時機。這裡是說，禪師萬事俱備，視學人狀況等待發出殺活聖箭的時機。

❹⁶⁷ 隘ㄞˋ、途：狹窄而險要的路途。

❹⁶⁸ 無事：無須、沒有必要。

❹⁶⁹ 無庸：無須、不必。

❹⁷⁰ 直須：應當。

❹⁷¹ 頂門一剳：指針灸時自腦門所扎下的一針，乃用來比喻禪師擊中要害而能使學人開悟的關鍵話語或舉動。

❹⁷² 留：停止在某一處而不動。

❹⁷³ 瞳神：猶「瞳人」，也作「瞳仁」，瞳孔之意。

❹⁷⁴ 豈不異矣哉：難道不都是一樣的嗎？

❹⁷⁵ 「水潦」指唐代的洪州水潦和尚，為馬祖禪師法嗣。《大慧普覺禪師語錄》卷17：「如水潦和尚，因採藤次，問馬祖曰：『如何是祖師西來意？』祖曰：『近前來，向爾道。』水潦纔近前，馬祖當胸

一踼踼倒,水潦忽然大悟,不覺起來呵呵大笑。祖曰:『爾見箇甚麼道理?』潦曰:『百千法門無量妙義,只向一毛頭上,便識得根源去。』」(《大正藏》冊 47,第 1998A 號,頁 882 中 27- 下 3)

❹76 「大愚」指唐代的高安大愚禪師。臨濟義玄禪師在黃檗希運禪師座下三年,當時的首座睦州禪師鼓勵他去問法,沒想到三次入室參問佛法大意都被黃檗禪師打出來,因而萌生辭意。辭行時,黃檗禪師要他一定要去參謁大愚禪師,到了大愚禪師處,臨濟禪師向其敘述前事,不知自己是否有過錯。大愚禪師說道:「黃檗與麼老婆心切為汝得徹困,更來這裏問有過、無過?」臨濟突然大悟,並敲了大愚禪師肋下三拳,大愚禪師將他托開,說:「汝師黃檗,非干我事。」(詳見《鎮州臨濟慧照禪師語錄》,《大正藏》冊 47,第 1985 號,頁 504 中 28- 下 23)

雪峰、㊼船子之接夾山、㊽汾陽之接慈明、慈明之接黃龍、㊾大慧之接教忠㊿、西禪㊶，非用此道耶？其餘見之

㊼ 唐代的巖頭全豁禪師與雪峰義存禪師為師兄弟，二人至各地行腳，因大雪無法前行而留在湖南鰲ㄠˊ山，期間巖頭禪師每日閒散睡覺，雪峰禪師則用功坐禪，並指責巖頭禪師不該只管睡覺。巖頭禪師叫他睡覺去，光坐在那裡胡思亂想並沒有用，雪峰禪師這才指著胸口告訴他，自己這裡不安穩，不敢自欺欺人，並將修行的過程告訴巖頭禪師。巖頭禪師聽了喝斥說：「汝不聞，『道從門入者不是家珍』！」又說：「佗後若欲播揚大教，一一從自己胷（胸）襟流出，將來與我葢（蓋）天葢地去。」雪峰於言下大悟，跳下禪床禮拜，連聲說：「師兄，今日始是鰲山成道。」（詳見《正法眼藏》卷 2，《新纂卍續藏》冊 67，第 1309 號，頁 603 上 1-20）

㊽ 唐代的夾山善會禪師（805-881）初住江蘇竹林寺，某日上堂開示，座下的道吾宗智禪師（769-835）聽到他回答僧人問題時不禁失笑。夾山禪師下座後，向道吾禪師詢問自己是否有回答不對之處，道吾禪師指點他去找隱居於浙江華亭、泛舟渡日的師兄弟船子德誠禪師。夾山禪師換上常服至華亭江邊，上船見船子和尚，二人機鋒應對中，船子和尚將正要開口的夾山禪師打落水中，好不容易爬上船，又被船子和尚逼問，正欲開口，卻又再次被打，這時夾山禪師突然大悟。（詳見《聯燈會要》卷 21，《新纂卍續藏》冊 79，第 1557 號，頁 178 下 19- 頁 179 上 19）

㊾ 北宋的黃龍慧南禪師參學於泐潭懷澄禪師時，懷澄禪師器重他，分座讓他協助接眾。雲峰文悅禪師（997-1062）認為懷澄禪師並非明

師,勸他去參謁慈明楚圓禪師。慧南禪師於造訪途中,聽說楚圓禪師不事法務,又批判叢林諸師,心生悔意而未前往,就留在湖南福嚴寺。後來楚圓禪師接任福嚴寺,開示時貶諸方為邪解,連帶罵了懷澄禪師,慧南禪師聽了為之氣結,但想到文悅禪師所說,還是決定入室參問,沒想到楚圓禪師的連串機鋒問話,他全答不出來。隔日再入室,楚圓禪師更是詬罵不已,慧南禪師問道:「罵豈慈悲法施之式?」這時楚圓禪師笑著回答:「是罵耶?」慧南禪師於言下大悟,失聲說:「泐潭果是死語。」（詳見《禪林僧寶傳》卷 22,《新纂卍續藏》冊 79,第 1560 號,頁 534 中 17- 頁 535 上 8）

❹⓼⓪ 南宋的教忠彌光禪師（1093-1155）曾參謁圓悟禪師、佛心本才禪師等大德,機語皆契合,後來參大慧宗杲禪師,對於大慧禪師說他「以病為法」感到不以為然。後來再入室,大慧禪師認為他雖有進步,但仍未徹悟,他即面露慍色而去。到了隔日,又被大慧禪師問住,於是大慧禪師要他參「有句無句,如藤倚樹」的公案。有一天教忠禪師隨侍大慧禪師造訪雲門庵,教忠禪師問道:「某到者（這）裏不能得徹,病在甚處?」大慧禪師告訴他:「汝病最癖,世醫拱手。何也?別人死了活不得,汝今活了未曾死。要到大安樂田地,須是死一回始得。」教忠禪師聽了,疑情更深。之後再次入室參問,大慧禪師問他:「喫粥了也,洗鉢盂了也,去却藥忌,道將一句來。」他回答:「裂破。」大慧禪師聽了立刻斥喝:「你又說禪也!」於是教忠禪師猛然大悟。（詳見《五燈會元》卷 20,《新纂卍續藏》冊 80,第 1565 號,頁 421 上 17- 中 16）

❹⓼❶ 西禪鼎需禪師（1092-1153）遍參名宿,有一天收到朋友教忠禪師來信,說大慧禪師帶禪手段與諸方不同,邀其下山參謁。西禪禪師見大慧禪師開示時向眾人問話,於是下語,沒想到卻被詬罵:「你見

燈錄，載之傳記，諸祖機用，霆崩電激，鳳翥[482]龍騰，烈烈轟轟，照耀古今，不可悉數。何常教人止休去歇去、坐死禪、守冷竈，不起疑情而將心待悟者為是耶？[483]高峰云：「工夫如轉石萬仞，直墮深崖，更無絲毫隔礙。如此用心，七日不悟，妙上座永墮阿鼻地獄。」[484]又何常必限人幾十年，經冬過夏，坐破蒲團，守工夫窠臼，以沈滯為極則[485]者耶？

解如此，敢妄為人師耶？」期間二人時有爭議，後來被大慧禪師講到含淚不敢仰視，才心服歸於弟子之列。有一天大慧禪師問他：「內不放出，外不放入，正恁麼時如何？」他正想開口，就被竹篦連打三下，他頓時大悟而叫道：「和尚已多了也。」大慧禪師又打了一下，他隨即禮拜，大慧禪師這才笑著說：「今日方知吾不汝欺也。」（詳見明・如卺，《禪宗正脉》卷 10，《新纂卍續藏》冊 85，第 1593 號，頁 547 中 6-18）

[482] 翥ㄓㄨˋ：高飛、飛舉之意。
[483] 何常：也作「何嘗」，乃用反問的語氣來表示未曾或並不。這裡是說，祖師何曾教導學人冷坐求悟是對的呢？
[484] 原文見《高峰原妙禪師語錄》卷 1：「若論此事，如萬丈深潭中投一塊石相似，透頂透底，了無絲毫間隔。誠能如是用工，如是無間，一七日中，若無倒斷，妙上座永墮阿鼻地獄。」（《新纂卍續藏》冊 70，第 1400 號，頁 686 下 13-15）
[485] 極則：最高準則。（見註 [239]）

禪門鍛鍊說 ● 斬關開眼第八

　　總之，學家不遇鍛鍊，即[486]受盡茶苦[487]，費盡精神，磨裩擦褲[488]，竭一生之力而透脫無門也。師家不知鍛鍊，即眼空四海[489]，氣吞諸方[490]，死守格套[491]，而不能垂手斬劈，即開爐數十年而等閒[492]不出人也。即或明開導、知策發、諳接機，愛惜長老體，而不肯下身禪堂；即至堂矣，色身優養慣，而不能隨眾經行，驀加啐啄[493]；至於懸崖斷索之際，又不能下斬關奪命之手，以豁人心胷（胸）、洞人眼目，而咎天下之無人材，其果無材耶？抑有材而不知鍛鍊耶？嗚呼！有千里馬而不遇孫陽[494]，有梗

[486] 即：即使、縱使。
[487] 茶苦：應作「荼ㄊㄨˊ苦」，艱苦、苦楚之意。
[488] 磨裩擦褲：裩ㄎㄨㄣ同「褌」，褲子。此語用來形容禪坐認真勞苦。如清‧心圓等集，《揞黑豆集》卷1：「參學人磨裩擦褲，蹋破草鞋（鞋），三、二十年尋不著路頭，一經層層指出，左右逢原。」（《新纂卍續藏》冊85，第1592號，頁271中3-4）
[489] 眼空四海：形容驕傲自大、什麼都不放在眼裡。
[490] 氣吞諸方：一口氣吞下各方，用來形容氣勢很大。
[491] 死守格套：執守於固定的模式。
[492] 等閒：尋常、一般來說。
[493] 啐啄：比喻禪師與學人之間禪機相應、機鋒往來。（參見註 [26]）
[494] 孫陽：即春秋時期的伯樂。

楠㊆、文梓㊅而不經良匠，其為枉抑可勝道哉？㊉夫知有鍛鍊，則省發不足奇；既不用鍛鍊，聞人家爐鞴㊈或有省發，則必生疑訕㊉，亦無足怪也。語曰：「東家點燈，西家暗坐。」㊀因己之暗坐，而概謂天下之燈燭庭燎㊁盡無是事也，豈理也哉？是以斬關開眼極天下難事，而奇功異用不可不知，有此一法也。

㊆ 梗 ㄆㄧㄢˇ、楠：梗木與楠木，皆是挺且直的大木，乃棟樑之材。
㊅ 文梓：有紋理的梓樹，為良木美材。
㊉ 枉抑：冤屈。「勝」是禁得起的意思。這裡是說，如此冤錯對待如何能令其勝任道法？
㊈ 爐鞴：借指熔爐。（參見註 ㊣）
㊉ 疑訕：不相信且毀謗譏諷。
㊀ 此語出自雲門禪師，見《雲門匡真禪師廣錄》卷1：「問：『從上來事，請師提綱。』師云：『朝看東南，暮看西北。』進云：『便與麼會時如何？』師云：『東家點燈，西家暗坐。』」（《大正藏》冊 47，第 1998 號，頁 548 中 24-26）
㊁ 庭燎：古代庭中照明的火炬。

10

研究綱宗第九

　　本篇強調悟後深究綱宗的重要性。戒顯禪師認為，真正的禪，必須根本與綱宗並重。若根本未悟，只研究綱宗，將易落入區分對立的知識見解中；而根本雖悟，卻摒棄綱宗，則只是一知半解，無法起到完整的作用。戒顯禪師舉了許多例子，自世尊拈花，再到後來的祖師大德們，悟後仍留下了許多語錄。戒顯禪師強調，悟後仍應依止師承，精研各家綱宗，定要徹盡綱宗、了解祖師大德們的不同機鋒手段，才算是真正的得到禪旨。如此，方能將正法眼藏永遠流傳下去。

夫所謂真禪者,有根本、有綱宗[502]。根本未悟,而遽事[503]綱宗,則多知多解[504],障塞悟門,必流為提唱之禪[505],而真悟亡矣;根本既悟而撥棄[506]綱宗,則承虛(虛)弄影[507],莽鹵[508]成風,必流為一橛之禪[509],而宗旨滅矣。

---

[502] 綱宗:指禪門各宗派之綱要宗旨。(見註[22])

[503] 遽事:倉促使用。

[504] 多知多解:未悟者即使所學習的知識再多,仍然只是分別對立的知識見解,與解脫並不相應。如唐・裴休集,《黃檗山斷際禪師傳心法要》云:「今時人只欲得多知多解,廣求文義,喚作修行,不知多知多解翻成壅塞,唯知多與兒酥乳喫,消與不消都總不知。三乘學道人皆是此樣,盡名食不消者。所謂知解不消,皆為毒藥,盡向生滅中取。」(《大正藏》冊 48,第 2012A 號,頁 382 下 16-21)

[505] 提唱之禪:「提唱」是唱說宗要。此指提舉禪法宗旨、公案等加以闡發評議,猶「口頭禪」。

[506] 撥棄:摒棄、摒除。

[507] 弄影:就像因物品移動而使得影子也隨之晃動一般,雖有種種光影可得,但實無所有。

[508] 莽鹵:莽同「莽」。粗疏、馬虎之意。

[509] 一橛之禪:「橛」原指截斷的小木棒。「一橛之禪」即「一橛禪」,晚明清初以此指稱僅單提棒喝而別無施設之禪。

是故,未悟之綱宗不必有,既悟之綱宗不可無也。

而世以顢頇儱侗❺⓾為宗門者,徒見世尊拈花、商那❺⓫豎(豎)指、龍樹月輪❺⓬、伽耶持鑑❺⓭,乃至俱胝一指❺⓮、馬祖一踏❺⓯、雪峰毬❺⓰、禾山鼓❺⓱、黃檗三頓❺⓲、

---

❺⓾ 顢頇儱侗:糊塗馬虎且含糊籠統。(參見註 ❶❾❷ 及 ❶❾❸)
❺⓫ 商那:指西天第三祖商那和修尊者。佛滅後追隨阿難尊者出家而獲得證悟,並由阿難處受八萬四千法藏,悉憶持之。因住在 Sāṇa 地區,所以被稱為商那和修(Sāṇavāsi)。
❺⓬ 龍樹月輪:指龍樹菩薩付法迦那提婆尊者後,入月輪三昧而去。見宋・志磐撰,《佛祖統紀》卷 35:「十三祖龍樹於南天竺,以法藏付迦那提婆,入月輪三昧蟬蛻而去,壽三百歲。」(《大正藏》冊 49,第 2035 號,頁 328 下 28- 頁 329 上 1)
❺⓭ 伽耶持鑑:「鑑」是鏡子。此典故指十八祖伽耶舍多尊者的母親夢到大神持一圓鏡而懷孕並生下他。之後,尊者於持鏡出遊時,遇到僧伽難提尊者而得度的故事。見宋・道原纂,《景德傳燈錄》卷 2:「第十八祖伽耶舍多者,摩提國人也,姓欝(鬱)頭藍,父天蓋,母方聖,嘗夢大神持鑑因而有娠,凡七日而誕,肌體瑩如瑠璃,未嘗洗沐自然香潔,幼好閑靜,語非常童,持鑑出遊,遇難提尊者得度。」(《大正藏》冊 51,第 2076 號,頁 212 下 2-6)
❺⓮ 俱胝一指:唐代的金華俱胝禪師因見杭州天龍和尚豎一指而悟,後凡有參學人來,皆只舉一指。見明・陳實編,《大藏一覽》卷 10:「婺ㄨ、州(今浙江)金華俱胝和尚,有尼到庵稍晚,師乃留宿。尼曰:『道得即宿。』師無對。尼去後,師歎曰:『我雖丈

夫,而無丈夫之氣。』擬往諸方參尋去,其夜山神告曰:『不須離此,將有大菩薩來,為和尚說法也。』果旬日天龍和尚到庵,師具陳前事,天龍豎一指示之,師乃大悟。凡參學到,師唯舉一指,別無提唱。臨終曰:『吾得一指禪,平生用不盡。』」(《嘉興藏》冊 21,第 B109 號,頁 590 上 2-8)

❺❶❺ 馬祖一踏:可參見註 ❾ 及 ❹❼❺。

❺❶❻ 雪峰毬:即「雪峰輥ㄍㄨㄣˇ毬」。雪峰義存禪師有一天想測試玄沙師備禪師(835-908)的境界如何,於是用一根棍子貫穿三個木球,朝著玄沙禪師滾過去,玄沙禪師看到後,只用手比了一個砍削的動作。後來有一天陞堂開示時,雪峰禪師再次滾出那三個木球,這次玄沙禪師一句話不說,把那木球抓起來放回原處。見《五燈會元》卷 7:「玄沙謂師曰:『某甲如今大用去,和尚作麼生?』師將三箇木毬一時拋出,沙作斫牌勢。師曰:『你親在靈山方得如此。』沙曰:『也是自家事。』一日陞座,眾集定,師輥出木毬,玄沙遂捉來安舊處。」(《新纂卍續藏》冊 80,第 1565 號,頁 146 下 22- 頁 147 上 2)

❺❶❼ 禾山鼓:又稱「禾山解打鼓」。北宋的禾山無殷禪師對於學人的提問,皆回以「解打鼓」,以打鼓之響在後面,來表示真諦之意在言外。見《聯燈會要》卷 25:「吉州禾山澄源無殷禪師垂語云:『習學謂之聞,絕學謂之隣,過此二者,謂之真過。』僧問:『如何是真過?』師云:『解打鼓。』云:『如何是真諦?』師云:『解打鼓。』又問:『即心即佛即不問,如何是非心非佛?』師云:『解打鼓。』云:『如何是向上事?』師云:『解打鼓。』云:『萬法齊興時如何?』師云:『解打鼓。』」(《新纂卍續藏》冊 79,第 1557 號,頁 217 上 16-21)

❺❶❽ 黃檗三頓:指臨濟禪師前去法堂請示黃檗希運禪師「什麼是祖師西

祕魔一杈（叉）[519]等，以為宗門大機大用，直捷[520]如此也，孤峻如此也，獨脫如此也。曰：「此直指人心也、不立文字也、向上提持也。」更與言綱宗一字，則呵為「知解」[521]，指為「實法」[522]矣，詆為葛藤絡索[523]，斥為滯名

來意」，結果前後三次都挨了打的公案。如清‧戒顯訂閱，《沙彌律儀毗尼日用合參》卷2：「如臨濟遭黃檗三頓棒，自謂緣不在此，乃辭檗。檗曰：『汝不須他往，但到高安參大愚去。』及至大愚，有肋下還拳之機。愚曰：『汝師黃檗，非干吾事。』」（《新纂卍續藏》冊60，第1120號，頁374中16-19）

[519] 祕魔一杈：唐代的祕魔木叉和尚，接引學人時都用一根木叉壓在其脖子上問話。見《景德傳燈錄》卷10：「五臺山祕魔巖和尚常持一木叉，每見僧來禮拜，即叉却頸云：『那箇魔魅教汝出家？那箇魔魅教汝行腳？道得也叉下死，道不得也叉下死，速道！』學僧鮮有對者。」（《大正藏》冊51，第2076號，頁280上29-中3）

[520] 直捷ㄐㄧㄝˊ：直接。如明‧夏樹芳輯，《名公法喜志》卷3：「公遂將《中庸》、《大學》，參以楞嚴符宗門語句質顯。顯曰：『這箇尚不與教乘合，況《中庸》、《大學》耶？學士須直捷理會。』乃彈指一下，曰：『但恁麼薦取。』公於言下領旨。」（《新纂卍續藏》冊88，第1649號，頁339中11-13）

[521] 知解：執著於虛幻事物，強作分別對立的知識見解。如《圓悟佛果禪師語錄》卷13：「若也涉思量、作計校、分能所、作知解，則千里萬里。」（《大正藏》冊47，第1997號，頁774下8-10）

著相㉔矣。嗚呼！孰知乃似是而大謬也。世尊拈花，誠㉕直捷矣，何故又曰「吾有正法眼藏，涅槃妙心，實相無相，微妙法門」，及傳法一偈種種言說乎？㉖曹溪本來無物，誠孤峻矣，何故五祖又云「也未見性」，重徵至「應

㉒ 實法：排斥綱宗者以此為藉口，暗諷重視綱宗者是執認有一個實存的法。《憨山老人夢遊全集》卷1：「不得直捷下手處，往往只在從前聞見知解言語上，以識情搏量邊揑妄想，光影門頭做工夫，先將古人玄言妙語，蘊在胸中，當作實法，把作自己知見。」（《嘉興藏》冊22，第B116號，頁729上22-25）

㉓ 絡索：同「落索」，原是形容繩索連串纏成一團的樣子，用以比喻文字語言糾葛不清之意。

㉔ 滯名著相：滯塞執著於名相之中。

㉕ 誠：確實。

㉖ 見宋・本覺編集，《釋氏通鑑》卷1：「世尊拈花示眾，人天百萬悉皆罔措，獨金色頭陀破顏微笑。世尊曰：『吾有正法眼藏，涅槃妙心，實相無相，微妙法門，分付摩訶迦葉，聽吾偈曰：法本法無法，無法法亦法；今付無法時，法法何曾法。』（其拈華付法，出《大藏梵王問佛經》；其傳法偈，出《正宗記》）」（《新纂卍續藏》冊76，第1516號，頁9上17-21）

無所住,而生其心」乃發大悟乎?㊄臨濟遭三頓痛棒,至大愚肋下還拳,誠獨脫矣,何故創立七事㊄惑亂後世乎?雲門於推折足下,廓然大悟矣,睦州何故又指見雪峰、溫研積諗授以宗印乎?㊄既一悟為是矣,溫研者何事?密授者何法乎?洞山於雲巖無情說法得悟矣,何故又傳寶鏡三昧㊄、立君臣偏正功勳等五位㊄,并三路㊄三滲

㊄ 見元・宗寶編,《六祖大師法寶壇經》:「惠能偈曰:『菩提本無樹,明鏡亦非臺;本來無一物,何處惹塵埃?』書此偈已,徒眾總驚,無不嗟訝,各相謂言:『奇哉!不得以貌取人,何得多時,使他肉身菩薩。』祖見眾人驚怪,恐人損害,遂將鞋擦了偈,曰:『亦未見性。』眾以為然。次日,祖潛至碓坊,見能腰石舂米,語曰:『求道之人,為法忘軀,當如是乎!』乃問曰:『米熟也未?』惠能曰:『米熟久矣,猶欠篩在。』祖以杖擊碓三下而去,惠能即會祖意,三鼓入室;祖以袈裟遮圍,不令人見,為說《金剛經》,至『應無所住,而生其心』,惠能言下大悟。」(《大正藏》冊 48,第 2008 號,頁 349 上 6-18)

㊄ 七事:指禪師用來防止學人揣度、邪見與謬誤的手段。(參見註 ㊳)

㊄ 積諗:積年,經年累月之意。見《三峰藏和尚語錄》卷 6,《嘉興藏》冊 34,第 B299 號,頁 154 上 5-7。(公案詳參註 ㊉)

㊄ 參見《瑞州洞山良价禪師語錄》:「吾在雲巖先師處,親印寶鏡三昧。」(《大正藏》冊 47,第 1986B 號,頁 525 下 23)

㉛ 此指「五位君臣」,見《瑞州洞山良价禪師語錄》:「師作五位君臣,頌云:『正中偏,三更初夜月明前,莫怪相逢不相識,隱隱猶懷舊日嫌。偏中正,失曉老婆逢古鏡,分明覿面別無真,休更迷頭猶認影。正中來,無中有路隔塵埃,但能不觸當今諱,也勝前朝斷舌才。兼中至,兩刃交鋒不須避,好手猶如火裏蓮,宛然自有沖天志。兼中到,不落有無誰敢和,人人盡欲出常流,折合還歸炭裏坐。」(《大正藏》冊47,第1986B號,頁525下1-8) 關於這個部分,聖嚴法師在《禪與悟》中曾說明:「曹洞宗以偏正二字形容煩惱及菩提,二者相即不相離,由於修證工夫有深淺,而以偏正二字組成五位:1.見性名為正中偏,2.煩惱薄名為偏中正,3.煩惱伏為正中來,4.煩惱斷名為兼中至,5.煩惱即菩提名為兼中到。以此五位皆不出偏正關係的相互變換,故稱『宛轉』。唯有宛然轉變,才能表示煩惱與菩提的此消彼長,雖有消長,實則不動,這也就是照與默的功用了。」(《法鼓全集》第4輯第6冊,頁366)

㉜ 三路:指洞山良价禪師三種接引學人的方式。如〔日〕慧印校,《筠州洞山悟本禪師語錄》:「師示眾曰:『我有三路接人,鳥道、玄路、展手。』」(《大正藏》冊47,第1986A號,頁511上26) 聖嚴法師也曾在《禪的體驗·禪的開示》中提到:「良价嘗說:『我有三路接人:鳥道、玄路、展手。』鳥行於空,所以其道無跡可循。玄路是指玄中之玄(〈玄中銘〉序有言:用而無功,寂而虛照,事理雙明之意謂之玄),主中之主的向上一路。展手是展開雙手接引學者,直入不生不滅的甘露門。可見其宗風,與臨濟義玄頗不相同。」(《法鼓全集》第4輯第3冊,頁89)

漏㊶等種種細法乎？乃至溈仰之三照㊷、三然燈㊸、十九門九十六圓相㊹，法眼之十玄六相㊺等，皆悟後建立者。

㊶ 三滲漏：可用來檢視學人見性與否。見《佛果圜悟禪師碧巖錄》卷2：「有三種滲漏：情滲漏、見滲漏、語滲漏。見滲漏，機不離位，墮在毒海。情滲漏，智常向背，見處偏枯。語滲漏，體妙失宗，機昧終始。」（《大正藏》冊48，第2003號，頁155下6-9）（另可參見註㊿）

㊷ 三照：指唐代香嚴智閑禪師（？-898，溈山靈祐禪師法嗣）的三照語，見《人天眼目》卷4：「擬心開口隔山河，寂默無言也被呵；舒展無窮又無盡，卷來絕迹已成多（本來照）。不動如如萬事休，澄潭徹底未曾流；箇中正念常相續，月皎天心雲霧收（寂照）。四威儀內不曾虧，今古初無間斷時；地獄天堂無變異，春回楊柳綠如絲（常照）。」（《大正藏》冊48，第2006號，頁323中17-22）

㊸ 三然燈：此語出自曹山本寂禪師，而非仰山禪師，見《撫州曹山本寂禪師語錄》卷2：「謂然燈前有二種：一未知有，同於類血之乳；一知有，猶如意未萌時得本物，此名『然燈前』。一種知有，往來言語聲色是非亦不屬正照用，亦不得記，同類血之乳，是漏失邊事，此名『然燈後』。直是三際事盡，表裏情忘，得無間斷，此始得名『正然燈』，乃云得記。」（《大正藏》冊47，第1987B號，頁541下4-9）又，《人天眼目》卷4：「三燃燈見曹山錄中，非仰山語也。……此說見《祖庭事苑》，既前收在溈仰宗，不欲移動也。」（《大正藏》冊48，第2006號，頁323上29-中8）

㊹ 十九門九十六圓相：參見明·虛一撰，《宗門玄鑑圖》：「仰山九

既一悟便了矣，何故又增此枝蔓，破壞直捷一路，啟千萬世學家知解乎？此必有說矣。

>　十六種圓相圖……上開為百二十，合為九十六種，總不出十九門施設也。一、垂示三昧門；二、問答互喚門；三、性起無作門；四、緣起無礙門；五、明機普互門；六、昧合賓主門；七、三生不隔門；八、即幻明真門；九、用了生緣門；十、就生顯法門；十一、冥府生緣門；十二、三境順真門；十三、隨機識生門；十四、海印收生門；十五、密用靈機門；十六、碎啄同時門；十七、隨隨收放門；十八、卷舒無住門；十九、一多自在門。」（《新纂卍續藏》冊 63，第 1256 號，頁 750 中 1- 下 7）
>
>❺ 法眼之十玄六相：指法眼文益禪師所融會的華嚴思想。六相即總相、別相、同相、異相、成相、壞相等，華嚴宗以此基礎，立六相圓融，與十玄門之說並稱「十玄六相」，為華嚴宗之重要教義，並影響了禪宗的思想。明‧郭凝之編，《金陵清涼院文益禪師語錄》：「永明道潛禪師，河中府人，初參師。師問云：『子於參請外，看甚麼經？』道潛云：『《華嚴經》。』師云：『總別同異成壞六相，是何門攝屬？』潛云：『文在〈十地品〉中，據理，則世出、世間一切法，皆具六相也。』師云：『空還具六相也無？』潛懵然無對。師云：『汝問我，我向汝道。』潛乃問：『空還具六相也無？』師云：『空。』潛於是開悟，踊躍禮謝。」（《大正藏》冊 47，第 1991 號，頁 591 中 15-21）法眼禪師即以此來說明要避免墮入各種見解上的障礙。

蓋參禪一法，打頭喫緊 ❺㊳，在乎用已前 ❺㊴ 鍛法，使透根本；根本既透，又須知此一著之中，有體有用。其為體也，有明有暗、有背有面、有左有右、有頭有尾；其為用也，則有殺有活、有擒有縱、有推有扶、有擡有搦 ❺㊵。就對機 ❺㊶ 而言也，則有君有臣、有父有子、有子有母、有賓有主。就賓主而言也，有順成 ❺㊷、有爭分、有暗合、有互換、有無賓主之賓主。細而剖之，則有有句無句 ❺㊸、無句中有句 ❺㊹、有句中無句 ❺㊺。有雙明、有雙暗；有同生、

---

❺㊳ 打頭喫緊：開頭非常重要。

❺㊴ 已前：已往、從前。

❺㊵ 搦ㄋㄨㄛˋ：按壓。

❺㊶ 對機：對於不同根機施以相應之手段，亦指禪師與學人間之問答應對。

❺㊷ 順成：隨順成就。如宋‧慧霞編、廣輝釋，《（重編）曹洞五位顯訣》卷3：「兼中至，從漸入頓，順成者規也。兼中到，從頓入漸，逆成者矩也。」（《新纂卍續藏》冊63，第1236號，頁212上22-23）

❺㊸ 有句無句：出自《瑞州洞山良价禪師語錄》：「婆婆和和，有句無句；終不得物，語未正故。」（《大正藏》冊47，第1986B號，頁526上3-4）

❺㊹ 無句中有句：出自〔日〕慧印校，《撫州曹山元證禪師語錄》：「無中有路隔塵埃。揀云：『無句中有句。』又云：『相隨來。』

有同死。㊽究而極之,則有向上一機、末後一句,古人所謂「始到牢關、不通凡聖」㊾者是也。臨濟有見乎此也,

又別揀云:『從來事作麼生?』又云:『恁麼則不相借也。』」(《大正藏》冊 47,第 1987A 號,頁 533 上 19-21)

㊹ 有句中無句:語出洞山良价禪師,見《筠州洞山悟本禪師語錄》:「然雖空體寂然,不乖群動,於有句中無句,妙在體前,以無語中有語,迴途復妙。是以用而不動、寂而不凝,清風偃草而不搖,皓月普天而非照。」(《大正藏》冊 47,第 1986A 號,頁 515 中 15-19)

㊽ 如《佛果圜悟禪師碧巖錄》卷 6:「慶云:『如何是雙明亦雙暗?』山云:『同生亦同死。』慶當時禮謝而去。後有僧問招慶:『同生亦同死時如何?』慶云:『合取狗口。』」(《大正藏》冊 48,第 2003 號,頁 187 上 7-9)

㊾ 如《大慧普覺禪師語錄》卷 5:「古人道:『末後一句始到牢關,把斷要津不通凡聖。』」(《大正藏》冊 47,第 1998A 號,頁 832 下 28-29)

乃於直捷之中，立三句、三玄、三要，❺❹❽ 以正其眼目；建四料揀 ❺❹❾，同喝 ❺❺⓿ 四喝 ❺❺❶、四照用 ❺❺❷、四賓主 ❺❺❸，分三種

❺❹❽ 三句即「臨濟三句」，為臨濟義玄禪師接引學人的三種方法，一句須具三種原則，一玄須具三要點。見《鎮州臨濟慧照禪師語錄》：「上堂。僧問：『如何是第一句？』師云：『三要印開朱點側，未容擬議主賓分。』問：『如何是第二句？』師云：『妙解豈容無著問，漚和爭負截流機。』問：『如何是第三句？』師云：『看取棚頭弄傀儡，抽牽都來裏有人。』師又云：『一句語須具三玄門，一玄門須具三要，有權、有用。汝等諸人作麼生會？』下座。」（《大正藏》冊 47，第 1985 號，頁 497 上 15-21）又，宋‧善卿編正，《祖庭事苑》卷 2：「臨濟家有三玄三要，謂體中玄、玄中玄、句中玄，以接學者。」（《新纂卍續藏》冊 64，第 1261 號，頁 337 下 9-10）

❺❹❾ 四料揀：參見註 ❼❸。

❺❺⓿ 同喝：指二位首座同喝。見《三峰藏和尚語錄》卷 11：「吾嘗參三玄之旨有深得，欲求決諸方而難其人，忽見師所著臨濟宗旨及《智證傳》之臨濟兩堂首座同喝語，今古心心如覿面相印。」（《嘉興藏》冊 34，第 B299 號，頁 177 上 19-22）又，宋‧惠洪撰、覺慈編，《智證傳》卷 1：「臨濟會中，兩僧一日相見，同時下喝。臨濟聞之，陞座曰：『大眾，要會臨濟賓主句，問取堂中二禪客。』僧便問：『那箇是賓？那箇是主？』臨濟曰：『賓主歷然，余方欲訓之，頓見三玄三要之旨。』」（《新纂卍續藏》冊 63，第 1235 號，頁 189 上 12-16）

機器，以盡其機用。乃至五家立法，各有門庭、各有閫奧❺❺❹。玄關金鎖，百帀千重❺❺❺；陷虎迷師❺❺❻，當機縱奪。如《陰符》、《太公》之書❺❺❼，不可窺也；如五花八門之

❺❺❶ 四喝：指「臨濟四喝」，見《鎮州臨濟慧照禪師語錄》：「師問僧：『有時一喝如金剛王寶劍、有時一喝如踞地金毛師子、有時一喝如探竿影草、有時一喝不作一喝用，汝作麼生會？』僧擬議，師便喝。」（《大正藏》冊 47，第 1985 號，頁 504 上 26-29）
❺❺❷ 四照用：參見註 ❷❼❺。
❺❺❸ 四賓主：參見註 ❼❽。
❺❺❹ 閫ㄎㄨㄣˇ奧：比喻學問或事理的精微深奧之處。
❺❺❺ 百帀千重：帀ㄗㄚ同「匝」。指重重無盡而情況不明之狀態。如宋・子文編，《佛果克勤禪師心要》卷 3：「輝天焯ㄓㄨㄛˊ地，乃佛乃祖直指妙嚴清淨本有金剛正體，向百匝千重不能辨別處著得眼，八縱七橫了無分割處下得刃。」（《新纂卍續藏》冊 69，第 1357 號，頁 477 上 23- 中 1）
❺❺❻ 陷虎迷師：同「陷虎迷獅」，指禪師為學人所設之機鋒手段。如《佛果圜悟禪師碧巖錄》卷 7：「當機覿面，提陷虎之機，正按傍提，布擒賊之略。」（《大正藏》冊 48，第 2003 號，頁 196 中 18-19）
❺❺❼ 《陰符》、《太公》之書：泛指兵書。《太公陰謀》是西周的姜尚（姜太公）所著，為中國古代漢民族先秦時期著名的黃老道家典籍《太公》的謀略部分。與《太公金匱》、《太公兵法》合稱《太公》。

陣❺❺⓼，不可破也。不如是，不足以斷人命根，而絕人知解也；不如是，則學家情關未透、識鎖難開、法見❺❺⓽不消，而通身窠臼❺❻⓪也，豈佛祖正法眼藏也哉？

或曰：所貴乎禪者，以不立文字，不涉名言，超然獨脫也。今綱宗一立，則名相紛煩，楷成格則❺❻⓵，是增人情識、益❺❻⓶人知見，而有實法可求也。聰明者必穿鑿，愚魯者益懵懂❺❻⓷矣，真悟道者何貴於此乎！

曰：諸祖所以立綱宗者，正為此也。主人公禪❺❻⓸，自

---

❺❺⓼ 五花八門之陣：指戰術多樣的五行陣和八門陣，也可用來比喻變幻多端的陣法。

❺❺⓽ 法見：指執著於自己所宗之法而詆毀他法。

❺❻⓪ 窠臼：指一成不變的陳規，指前述的工夫窠臼。

❺❻⓵ 楷成格則：效法成標準規格。

❺❻⓶ 益：增加。

❺❻⓷ 益懵懂：更加糊塗而不明事理。

❺❻⓸ 主人公禪：「主人公」原指人人皆有的佛性。如《聖嚴說禪》所提：「主人公是每個眾生都有的，但無法以語言文字解釋，勉強可說是佛性或將來能成為佛的因素或條件。」（《法鼓全集》第 4 輯第 11 冊，頁 156）但這裡戒顯禪師所說的「主人公禪」則帶有貶義，用來形容那些滿口強調自心是佛、直指本心，認為一切行動作為都是佛性的展現，但實際上行事作風卻被情識知見所纏者。

謂無情識而渾乎情識也；自謂絕知見而純是知見也，自謂無實法而認定一機一境，恰墮實法也。有臨濟七事、五家宗旨，用妙密鉗錘以鉤錐❺⁶⁵之、料揀之、剗（鏟）削之，而知見始消、情識始破、實法始忘矣。窮盡萬法而不留一法，是真直捷；透盡諸門而不滯一門，是真孤峻；徹盡大法小法一切綱宗而罵除❺⁶⁶綱宗，是真獨脫。而豈守繫驢

---

❺⁶⁵ 鉤錐：見註❹⁶²。
❺⁶⁶ 罵除：斥除、逐遣。如清·錢伊庵編，《宗範》卷 2：「所謂透盡大法，方可罵除大法。」（《新纂卍續藏》冊 65，第 1283 號，頁 337 中 20）

橛❺⁶⁷、倚斷貫索❺⁶⁸、弄無尾巴猢猻❺⁶⁹之謂哉？

　　譬之行路者歷九州四海❺⁷⁰，遍名山大川，而仍歸本處，忘盡途中影子，是真到家矣。又譬之廣學者，窮盡二酉❺⁷¹，蒐盡四庫❺⁷²，穿貫天錄石渠之藏❺⁷³，而肓（胸）不留一字，是謂博通矣。使❺⁷⁴足未離跬步❺⁷⁵，而眼空四海❺⁷⁶，毀天下之行遠者；目未涉經史，而空腹高心❺⁷⁷，呵天下之讀書者。雖三尺童子，知其背謬❺⁷⁸矣。但❺⁷⁹重根本而疑綱宗為葛藤、為知見、為實法者，何以異是哉？

---

❺⁶⁷ 守繫驢橛：「繫驢橛」乃路旁用來繫驢馬的木棒。「守繫驢橛」用來譬喻雖已領得一句一棒之玄機，但若執著於此，則反被其所縛。《鎮州臨濟慧照禪師語錄》：「羅漢、辟支猶如廁穢，菩提、涅槃如繫驢橛。」（《大正藏》冊47，第1985號，頁497下10-11）

❺⁶⁸ 倚斷貫索：「斷貫索」指截斷之一段繩索。「倚斷貫索」用來譬喻只懂倚賴執著特定方法（繩索）而無法領悟此方法所欲調伏的心。如《密菴和尚語錄》：「達磨未離西竺，便將一條斷貫索，穿却天下人鼻孔。……而今學道人，不原所以，將謂西來單傳心印，直指人心，見性成佛，實有恁麼事，晝三夜三，拚却性命，抵死窮究，無乃錯之甚耶？殊禪人質直無偽，深知此索子，不是口耳傳受而得之。」（《大正藏》冊47，第1999號，頁980下27-頁981上8）

❺❻❾ 弄無尾巴猢猻：形容像擺弄沒尾巴的猴子一般，只會賣弄自己所學之禪修方法。明・道霈重編，《永覺元賢禪師廣錄》卷 4：「又有等人，祇認著一箇能見能聞、處處具足的，執以為真，此正認奴作郎，顛倒知見。大抵此數等人，似箇窮乞兒牽著箇無尾巴猢猻，前村後店到處弄，弄來弄去，自謂渠生意好弄，到臘月三十日，鼓也打破了，猢猻也走去了，頓足搥胷（胸），悔之何及。」（《新纂卍續藏》冊 72，第 1437 號，頁 406 上 5-9）又，《指月錄》卷 25：「入無尾巴猢孫隊中，輪轉流浪悲夫。」（《新纂卍續藏》冊 83，第 1578 號，頁 686 下 4）
❺❼⓿ 九州四海：猶言天下。
❺❼❶ 窮盡二酉：「二酉」指湖南省的大酉、小酉兩山，兩山皆有洞穴，相傳洞中有書千卷，故用以形容豐富的藏書。這裡乃是比喻讀書甚多，其學識豐富精湛。
❺❼❷ 四庫：指古代宮廷藏書之所。古代之圖書分類為甲、乙、丙、丁或經、史、子、集四類，稱為四部，後來稱為四庫。
❺❼❸ 穿貫天錄石渠之藏：將皇室收藏的典籍圖書皆融會貫通。「天錄」是指載名於典籍、圖書。「石渠」指的是「石渠閣」，乃西漢皇室藏書之處。
❺❼❹ 使：假使、假如。
❺❼❺ 跬ㄎㄨㄟ步：半步。
❺❼❻ 眼空四海：參見註 ❹❽❾。
❺❼❼ 空腹高心：腹內空虛而目空一切，用來形容毫無才學卻自視甚高。
❺❼❽ 背謬：荒謬。
❺❼❾ 但：只、僅。

夫抹去綱宗者,不但自己宗眼❺❽⓿不了,一當為人❺❽❶,動便犯鋒傷手❺❽❷:機境當前而不知踞頭收尾,節角諕訛❺❽❸而不解抽爻換象❺❽❹,掠虛(虛)弄滑❺❽❺而不能勘辨,對打還拳而無法翦除❺❽❻。徒恃鑑覺❺❽❼以為極則,法門窠臼不可

---

❺❽⓿ 宗眼:正法眼,指禪宗直體佛性的見地。

❺❽❶ 一當為人:一旦擔任師家指導學人時。

❺❽❷ 犯鋒傷手:同「傷鋒犯手」。不善刀劍者既容易損壞刀鋒,又容易不小心弄傷自己的手。比喻禪師的機鋒施設不當。

❺❽❸ 節角諕訛:「節角」原指文字因筆畫方正所顯露的稜角和屈折處。此指由於禪旨深密而產生參究的疑難。許多公案在常人看來似乎混淆訛誤,但開悟者就能明白那是機鋒所在,如《佛果圜悟禪師碧巖錄》卷1:「雪竇是作家,於古人難咬、難嚼、難透、難見節角諕訛處,頌出教人見,不妨奇特。」(《大正藏》冊48,第2003號,頁147下21-22)

❺❽❹ 抽爻換象:將風水卦象中的某一爻抽出,使陰陽互變,上、下兩卦形成對立關係,將其無用變為有用、衰退變為旺盛,達到催丁顯貴之象。此指禪師變換鍛鍊手段。

❺❽❺ 掠ㄌㄩㄝˋ、虛弄滑:以欺騙狡詐竊取虛名。

❺❽❻ 翦除:消除、削弱。

❺❽❼ 鑑覺:「鑑」是視察,「覺」是知曉、感受。此指凡夫從分別心出發的明白、覺觀,而非開悟後無我之寂照。如《大慧普覺禪師語錄》卷25:「守名而生解者,教人管帶,此是守目前鑑覺而生解者。」(《大正藏》冊47,第1998A號,頁918中15-16)又,

言矣。然則㊟悟後之綱宗,又曷可㊟少耶?不見吉祥實悟後,天衣懷問:「洞上五位君臣,如何話會?」實曰:「我這裏一位也無。」衣曰:「這漢卻有箇見處,柰(奈)不識宗旨何。」乃令五人齊喚:「實上座」,而密契奧旨。㊟妙喜曰:「金剛圈、栗棘蓬,直是難吞難透,到此直下承當得了,大法不明,亦柰(奈)何不得。」㊟又曰:「古人差別因緣,大法一明,舉起便會。」㊟多見今人未有師承,一見人說大法小法,無不唾罵。妙喜何故千

㊟ 《大慧普覺禪師語錄》卷 13:「尋常見學者,多認目前鑑覺,求知見覓解會,無有歇時。」(《大正藏》冊 47,第 1998A 號,頁 864 上 25-26)

㊟ 然則:連詞,猶言「那麼」。

㊟ 曷可:怎麼可以。

㊟ 吉祥實:指南宋時期曹洞宗的吉祥元實禪師,為天衣法聰禪師法嗣。此公案可詳見《嘉泰普燈錄》卷 13,《新纂卍續藏》冊 79,第 1559 號,頁 371 下 7-13。

㊟ 見《大慧普覺禪師普說》卷 5,《卍正藏》冊 59,第 1540 號,頁 996 上 15-17。

㊟ 參見《大慧普覺禪師普說》卷 5:「大法一明,不著排遣,自然分曉。」(《卍正藏》冊 59,第 1540 號,頁 1016 上 8-9)

言萬語吁嚀大法[593]？果妙喜杜撰耶？抑[594]今人自見不到而妄加批駁耶？是故學家根本已明，當依止師承，溫研密諗[595]，務徹古人堂奧。師家見學人已透根本，更須以妙密鉗錘，深錐痛劄，務令透鋼（應作「綱」）宗眼目。庶[596]不至彼此承虛（虛）接響[597]，而正法眼藏，得永遠而流傳矣。

---

[593] 吁嚀大法：感嘆大法不明。
[594] 抑：副詞，還是。
[595] 溫研密諗：溫習精研並周密審察。
[596] 庶：副詞，希望、但願。
[597] 承虛接響：指未悟卻印可而以假為真。（參見註[458]）

11

精嚴操履第十

　　戒顯禪師提到，自古以來的祖師大德們，從來就不曾將行、解視為二件事。因為，若有行無解，就算持戒精嚴且有修為，仍只是癡福；而有解無行，就算見解卓越，也只會執於一端而看法片面。在學人道眼未開前，長老應令其參究，鍛鍊其解，並敲骨打髓，使其知見正確。待其開眼，則要求其操守及持戒精嚴，這是鍛鍊其行。戒顯禪師勸誡長老，對於所謂主人公禪及豁達空禪的學人，斷不可輕易印授之；而長老荷擔法門之大任，更應以身作則，切不可自比古聖而放縱地恣意殺傷或飲酒食肉，禍害法門。最後，舉了許多祖師大德的例子，說明在悟後仍勤苦操履，至老不倦，方為榜樣。

‥‥‥‥

「向上一路，千聖不傳」❺❾❽，如大火聚，誰敢正眼而覷？如塗毒鼓❺❾❾，孰能側耳而聽？機先掣電❻⓪⓪，已屬遲疑；句下精通，猶為狂見。此何事也，而偲偲問操履、踽踽論功勳哉？❻⓪❶

---

❺❾❽ 語出唐代的盤山寶積禪師，見《正法眼藏》卷 2：「盤山和尚示眾云：『向上一路，千聖不傳。』」（《新纂卍續藏》冊 67，第 1309 號，頁 606 上 11）這是說，無上至真的禪道並非祖師大德們可用言語傳授的，必須親自體證。

❺❾❾ 塗毒鼓：此語出自北涼‧曇無讖譯，《大般涅槃經》，《大正藏》冊 12，第 374 號，頁 420 上 8-10。聖嚴法師於《禪與悟》中說明：「塗毒鼓的譬喻，經中所見頗多；譬喻宣說佛法的力量，如同以雜毒藥加上咒力，塗在大鼓鼓面，當在擊鼓之時，無論遠近大小眾生，聞者無不腦裂而死。此死即是指的貪欲、瞋恚、愚癡皆悉消滅。《涅槃經》中將法鼓譬作天鼓及毒鼓的二類：1. 佛說五乘法，如擊天鼓；2. 佛說佛性常住的大乘法，如擊毒鼓。」（《法鼓全集》第 4 輯第 6 冊，頁 368）

❻⓪⓪ 機先：指事機萌動未發之時。掣電：閃電，用以形容迅疾之速。

❻⓪❶ 「偲ㄙ偲」指互相責勉。「問」指考察。「操履」指操守、品性。「踽ㄐㄩˇ踽」：落落寡合、孤僻高傲的樣子。這裡是說，怎麼會在那邊互相責勉、考察德行，孤僻高傲地細數自己的功績呢？

然初祖云:「行解相應,名之曰祖。」❷雲居鷹祖曰:「那邊會得了,卻向這邊行履。」❸涌泉曰:「見解人多,行解人萬中無一。」❹則知從上諸祖,未嘗以行、解為二事也。良以有行無解,即操履精純,不出階級,縱有修為,皆名癡福❺;有解無行,即見地超卓,猶是擔

---

❷ 如《佛果克勤禪師心要》卷1云:「達磨有言:『行解相應,名之曰祖。』」(《新纂卍續藏》冊69,第1357號,頁456下13-14)

❸ 雲居鷹ーㄥ:指唐代的雲居道鷹禪師。行履:指身、口二業的行為。(見《拈花微笑》,《法鼓全集》第4輯第5冊,頁68)亦可指禪法的機用作為與實踐。這段話為道鷹禪師引述南泉普願禪師之語,見宋・賾藏主集,《古尊宿語錄》卷12:「池州南泉普願禪師語要。……只如彌勒又作凡夫,他熾然行六波羅密,他家觸處去得,因什麼便不許他,他不曾滯著凡、聖,所以那邊會了,却來者邊行履,始得自由分。」(《新纂卍續藏》冊68,第1315號,頁69上9-頁72中22)又,《聯燈會要》卷22云:「洪州雲居道鷹禪師。……古人云:『體取那邊事,却來這邊行履。』」(《新纂卍續藏》冊79,第1557號,頁191下2-頁192上5)

❹ 涌泉:指唐代的涌泉景欣禪師。出處見《五燈會元》卷6,《新纂卍續藏》冊80,第1565號,頁125中13。

❺ 癡福:愚癡之福。見《聯燈會要》卷11:「穴問:『作麼生是世尊不說說?』真云:『鵓鳩樹頭啼,意在麻畬(ㄕㄜ,田)裏。』穴云:『儞作許多癡福作什麼?何不體究言句。』」(《新纂卍續藏》冊79,第1557號,頁103中6-8)

板 ⁶⁰⁶，雖有悟門，皆屬狂慧。一者有目無足，一者有尾無頭，均之非究竟也。⁶⁰⁷

　　為長老者，務在鍛鍊人材，料揀偏全，權衡首尾，欲令學人成始而成終，果何道哉？學家道眼未開，先令參究，以鍛其解，敲骨打髓，痛下鍼（針）錐，而行亙（互）

---

⁶⁰⁶ 擔板：指擔板漢、擔板者，因挑板的人只能看到板的一面，無法看到另一面，用來比喻習禪者執於言句而看法片面。《佛果圜悟禪師碧巖錄》卷7：「衲僧家須是句裏呈機，言中辨的，若是擔板漢，多向句中死却。」（《大正藏》冊48，第2003號，頁199中29-下1）

⁶⁰⁷ 這段是在告訴學人，歷代祖師皆強調解行並重。聖嚴法師也曾說：「修行一定要解行並重，『解』是修行的觀念、修行的方向、修行的步驟和過程；『行』則是用身口意三業，來實踐佛陀的教法。」（《聖嚴法師教淨土法門》，《法鼓全集》第5輯第10冊，頁30）又，《禪的體驗‧禪的開示》：「佛法分成兩部分：一種是按理論講說的，一種是要身體力行的。僅僅知道理論是不夠的。知道理論而不照著去實踐，即非真的，是解信而不是經驗證信。」（《法鼓全集》第4輯第3冊，頁312）

緩問⓺⓽⓼，所謂「但貴子眼正，不說子行履」⓺⓽⓽也。大事既明，即令操履以鍛其行，鳥道玄路⓺❶⓪，腳下無私而解始詣

⓺⓽⓼ 行亘緩問：「亘ㄍㄣˋ」為亙的異體字，乃綿長、綿延之意。這是說，鍛鍊考察應持續綿長、穩定寬舒。

⓺⓽⓽ 如《潭州溈山靈祐禪師語錄》云：「師問仰山：『《涅槃經》四十卷，多少是佛說？多少是魔說？』仰山云：『總是魔說。』師云：『已後無人奈子何。』仰山云：『慧寂即一期之事，行履在甚處麼？』師云：『祇貴子眼正，不說子行履。』」（《大正藏》冊47，第1989號，頁578中22-25）聖嚴法師於《拈花微笑》中也曾說明：「禪宗有一句口頭禪叫：『貴知見，不貴行履。』『知見』即是佛知見，即是親證實相，『行履』即是身、口二業的行為。」（《法鼓全集》第4輯第5冊，頁68）《禪的體驗・禪的開示》亦云：「所以禪宗有一句名言：『貴見地，不貴行履。』如果知見正確，雖遇任何魔境，也不致落入魔道。」（《法鼓全集》第4輯第3冊，頁131）

⓺❶⓪ 鳥道玄路：「鳥道」指虛空。如《祖庭事苑》卷4云：「鳥道，猶虛空也。」（《新纂卍續藏》冊64，第1261號，頁362下1）「玄路」則是玄中之玄、主中之主的向上一路。二者皆是洞山良价禪師接引人的方法，見《筠州洞山悟本禪師語錄》：「師示眾曰：『我有三路接人，鳥道、玄路、展手。』僧問：『師尋常教學人行鳥道，未審如何是鳥道？』師曰：『不逢一人。』云：『如何行？』師曰：『直須足下無私去。』云：『祇如行鳥道，莫便是本來面目否？』」（《大正藏》冊47，第1986A號，頁511上26-29）如聖

實❶,所謂「說得一丈,不如行得一尺」❷ 也。

然主法者不用鋼(應作「綱」)宗眼目❸,微細勘人,徒取一知半解,遴選人材,則俗禪❹中有二種岐路:

> 嚴法師在《法源血源》中所述:「洞山良价禪師也曾說:心如『鳥道』,一個學佛參禪的人,應當心如空中鳥跡,心中不留任何痕跡,時時如萬里無雲的虛空般,不論到哪裡,做了什麼、說了什麼、見了什麼、聽了什麼,都已是過眼雲煙,心中再也不必留下一絲牽掛。」(《法鼓全集》第 6 輯第 2 冊,頁 3)

❶ 解始詣實:「始」指方才。這是說解悟方才得與實際證悟相契合。

❷ 語出唐代的大慈寰中禪師(780-862),見元·念常集,《佛祖歷代通載》卷 17:「杭州大慈山寰中禪師……上堂示眾云:『山僧不解答話,只能識病。』又云:『說得一丈,不如行取一尺;說得一尺,不如行取一寸。』」(《大正藏》冊 49,第 2036 號,頁 642 下 11-22)

❸ 眼目:譬喻某一事物的要點或義理關鍵之處,也可用來表示具有眼界、辨別是非的見識與能力。(參見註 ㊱)

❹ 俗禪:指世俗禪。如聖嚴法師在《學佛知津》中所述:「佛說:『世俗五通非真實,行後必還失,六通者,是真實行。』象舍利弗說:『遊於世俗禪,至竟不解脫,不得滅盡跡,復習於五欲。』」(《法鼓全集》第 5 輯第 4 冊,頁 148)

以主人公為禪者❻⓵❺，止認身田❻⓵❻主宰動轉施為❻⓵❼，以為佛祖大機大用，無順無逆，一切皆是，謂之作用是性❻⓵❽。由此儱侗習氣竊發❻⓵❾，遂至不擇飲啖❻❷⓪，不揀淨穢，以為大道者矣。有人規正❻❷⓵，則曰：「癡人！佛性豈

---

❻⓵❺ 以主人公為禪者：形容那些滿口強調自心是佛，但實際上行事作風卻被情識知見所纏者。（參見註❺❻❹「主人公禪」）

❻⓵❻ 身田：指身體。因身體能生善惡之業，故以身喻田。

❻⓵❼ 動轉施為：指行動作為。

❻⓵❽ 作用是性：主張佛性顯現於現前作用中，能徹見此作用，即是見佛性。參見《大慧普覺禪師語錄》卷5：「西天國王問波羅提尊者曰：『我欲作佛，不知何者是佛？』尊者曰：『見性是佛。』王曰：『師見性否？』尊者曰：『我見佛性。』王曰：『性在何處？』尊者曰：『性在作用。』王曰：『是何作用？我今不見。』尊者曰：『今現作用，王自不見。』王曰：『於我有否？』尊者曰：『王若作用，無有不是；王若不用，體亦難見。』王曰：『若當用時幾處出現？』尊者曰：『若出現時當有其八。』王曰：『八處佛性當為我說。』尊者曰：『在胎曰身，處世名人，在眼曰見，在耳曰聞，在鼻辯香，在舌談論，在手執捉，在足運奔。』」（《大正藏》冊47，第1998A號，頁829下15-25）

❻⓵❾ 竊發：不知不覺地產生。

❻❷⓪ 飲啖ㄉㄢˋ：吃喝。

❻❷⓵ 規正：規勸匡正。

有二耶?」是謂以瓈膠門㉒而成魔業者也。

　　以豁達空㉓為禪者,止認本來無物,泯默莽蕩㉔,以為自己安身立命,無佛無祖,一切皆空,謂之向上巴鼻。由此頇頇,邪見得便㉕,遂至不避譏嫌,不顧罪福,而肆行無忌者矣。有人呵諫,則曰:「抖子㉖!猶有這箇在

㉒ 瓈ㄋㄧˊ膠門:「瓈膠」原是木膠或黏的意思,有無物不著的特性。此以「瓈膠門」比喻學人因黏著習性而輪迴於六道或著魔。如宋・祖心編,《冥樞會要》卷 2:「譬如瓈膠,無物不著,流浪六道,處處受生。」(《國圖善本佛典》冊 56,第 8980 號,頁 94 中 5-6)

㉓ 豁達空:指執著於沒有因果的斷滅空、頑空。此語出自唐・玄覺撰,《永嘉證道歌》:「豁達空,撥因果,莽莽蕩蕩招殃禍。」(《大正藏》冊 48,第 2014 號,頁 396 上 27-28)而宋・彥琪註,《證道歌註》:「豁達空者,乃西天外道所修斷滅空也。」(《新纂卍續藏》冊 63,第 1241 號,頁 270 上 19)宋・知訥述,《證道歌註》則云:「沈空滯寂,撥無因果;不了法空,而言悟空;口常談空,而著頑空,如斯則與外道斷見無異,參玄高士,善用其心。」(《新纂卍續藏》冊 65,第 1292 號,頁 452 上 9-11)

㉔ 泯默莽蕩:寂然無聲、廣大荒蕪。

㉕ 得便:得到適宜的機會。

㉖ 抖子:俗稱得志、得意為「抖」,常有輕蔑反諷的語氣。「抖子」猶稱對方為「你這自以為是的小子!」

乎？」是謂以鐵鏟禪❻❷❼而滅因果者也。

　　此二者，雖學者之謬，而亦師家之過也，以其不用綱宗鍛人，而止取光影，互相印授，根器陋劣者，遂生邪解而禍法門矣。蓋師承正，則學者之行解必端，而遞代相承，如以器傳器而源深流長矣；師承不正，則學者之行解必邪，而相襲成風，如烏焉成馬❻❷❽而積薄流卑❻❷❾矣。

　　何謂師承正？道眼通徹而又重操履。雖為長老，凡事一同乎眾，潔其身、苦其志，夙興而夜寐❻❸⓿，以勤苦先德為規繩❻❸❶，而冰霜金玉❻❸❷，道行內充，叢林得以矜式❻❸❸，

---

❻❷❼ 鐵鏟禪：同「鏟子禪」。只知道以鐵鏟剷除所有沙泥土石，卻不懂得可以揀擇可使用之資源加以妥善運用，用來比喻誤解空為斷滅空、頑空的禪法。

❻❷❽ 烏焉成馬：烏、焉、馬三個字的字形相似，經過傳抄後，造成訛誤。此語用來比喻事經輾轉，易出訛謬。

❻❷❾ 積薄流卑：謂積聚的功德淺薄，則流傳給後人的恩澤就狹近低微。《大戴禮記・禮三本》云：「所以別積厚者流澤光、積薄者流澤卑也。」（參見高明註釋，《大戴禮記今註今釋》，臺北：臺灣商務印書館，1975 年，頁 43）

❻❸⓿ 夙興而夜寐：早起而晚睡，形容其勤勞。

❻❸❶ 以勤苦先德為規繩：「規繩」指規矩繩墨，用來比喻法度。此指以精勤刻苦的祖師前輩們為準則模範。

斯之謂正也。

何謂師承不正？道眼疎（疏）狂[634]，而心輕操履，一居師位，凡事不同乎眾，美其饌、蠶其衣[635]，早息而晏起[636]，以晏安鴆毒[637]為灑落[638]，而持蠻執拗（拗）[639]，呵斥修行，一眾無所取則[640]，斯之謂不正也。

所以自古至今，佛法興盛，第一等修行，出於長老；真宗[641]澹薄，第一等放逸，亦出於長老。長老重操履，則龍天佑順，四眾傾誠[642]，而佛法必盛；長老棄行德[643]，

---

[632] 冰霜金玉：比喻操守堅貞清白、才德並美。
[633] 矜式：敬重和取法的楷模。
[634] 疎ㄕㄨ狂：狂放不受拘束。
[635] 美其饌、蠶其衣：形容吃、穿都極為講究。「蠶衣」乃指絲織品所製的衣服。
[636] 晏起：晚起。
[637] 晏安鴆毒：鴆ㄓㄣˋ，通「酖」，指毒酒，如「飲酖止渴」。此形容貪圖安逸享樂就等於是飲毒酒自殺。
[638] 灑落：也作「灑樂」，灑脫飄逸、不受拘束。
[639] 持蠻執拗ㄋㄧㄡˋ：不通情理而堅持己見、固執任性。
[640] 一眾無所取則：指眾人無從取法準則作為榜樣。
[641] 真宗：正宗，此指佛教宗旨。
[642] 傾誠：傾心誠服。
[643] 行德：操性品德。

則明致人譏，幽招冥譴㊹，而佛法必衰。蓋長老懷邪詭行㊺，固非一端㊻，而最異㊼者，行不踰庸人㊽，而以假氣魄，作真佛法，輒呵罵佛祖，鞭撻㊾鬼神，而妄擬夫德山、臨濟；身現居博地㊿，而以因中人，冒（冒）果地相，每焚毀經像，踐蹋聖賢，而自比於丹霞佛㉛，照皓布裩㉜；無南泉㉝、歸宗㉞、大隨㉟等之徹天眼目，而信意

㊹ 冥譴：猶「陰謫」，指冥冥中遭受鬼神的譴罰。
㊺ 懷邪詭行：心存邪念而行為詭詐。
㊻ 一端：指事情的一點或一個方面。
㊼ 異：異端，不符正統。
㊽ 行不踰庸人：指行為見識淺陋不超出常人範圍。
㊾ 鞭撻：抨擊。
㊿ 博地：指凡夫之境界。見宋・從義選，《法華經三大部補注》卷 11：「博地。博，廣多也。下凡之地廣多故耳。」（《新纂卍續藏》冊 28，第 586 號，頁 341 下 21-22）又，宋・淨善重集，《禪林寶訓》卷 3：「且博地凡夫，貪瞋愛慾，人我無明，念念攀緣。」（《大正藏》冊 48，第 2022 號，頁 1034 上 5-6）
㉛ 丹霞佛：這裡指丹霞天然禪師燒佛的公案。（參見註 ❸）
㉜ 照皓布裩：比照那位把歷代祖師名字寫在短褲上的北宋玉泉承皓禪師（1012-1092）。見《五燈會元》卷 15：「荊門軍玉泉承皓禪師……製犢鼻裩，書歷代祖師名字，乃曰：『唯有文殊、普賢較些子，且書於帶上。』故叢林目為皓布裩。」（《新纂卍續藏》冊 80，第 1565 號，頁 327 中 18-21）

❻㊲ 南泉:指南泉普願禪師。(參見註 ❶㉞)
❻㊳ 歸宗:指唐代歸宗智常禪師,他藉著斬蛇因緣而顯示自在無礙之機法。見《五燈會元》卷3:「師剗草次,有講僧來參,忽有一蛇過,師以鉏(鋤)斷之。僧曰:『久嚮歸宗,元來是箇麤(粗)行沙門。』師曰:『你麤?我麤?』曰:『如何是麤?』師豎起鉏頭。曰:『如何是細?』師作斬蛇勢。曰:『與麼?則依而行之。』師曰:『依而行之且置。你甚處見我斬蛇?』僧無對。』」(《新纂卍續藏》冊80,第1565號,頁76上7-11)
❻㊴ 大隨:指唐代的大隨法真禪師(834-919),他燒荒地野草時將蛇挑向火中,見《聯燈會要》卷10:「師燒畬次,忽見一條虵(蛇),師以杖挑向火中。云:『咄,這箇形骸,猶自不放捨,儞向這裏死,如暗得燈。』」(《新纂卍續藏》冊79,第1557號,頁90中24-下1)

殺傷，自云龍象蹴踏；無羅什[656]、寶誌[657]、布袋[658]、濟顛[659]、酒仙[660]、蜆子[661]等之大權示現，而妄殍（餐）酒肉，以致破壞律儀。

殊不知古聖逆行，有古聖之現相；佛祖破執，有佛祖之出身。雖脫珍著敝，換人眼睛；帶水拖泥，敲人枷鎖。而隱聖現劣，隨示神通；帶果行因，旋彰靈異。何嘗

---

[656] 羅什：指曾被逼破戒的後秦高僧鳩摩羅什。見梁・慧皎撰，《高僧傳》卷2：「光既獲什，未測其智量，見年齒尚少，乃凡人戲之，強妻以龜茲王女，什距而不受，辭甚苦到，光曰：『道士之操不踰先父，何可固辭？』乃飲以醇酒，同閉密室，什被逼既至，遂虧（虧）其節；或令騎牛及乘惡馬，欲使墮落，什常懷忍辱，曾無異色，光慚愧而止。」（《大正藏》冊50，第2059號，頁331下3-8）

[657] 寶誌：指南梁的神異僧寶誌和尚（418-515）。據《景德傳燈錄》卷27記載：「寶誌禪師金城人也，姓朱氏，少出家，止道林寺修習禪定。宋泰始初，忽居止無定、飲食無時，髮長數寸，徒跣執錫杖，頭擐ㄏㄨㄢ、剪刀、尺、銅鑑，或掛一兩尺帛。數日不食無飢容，時或歌吟詞如讖記，士庶皆共事之。」（《大正藏》冊51，第2076號，頁429下21-25）

[658] 布袋：指唐代的布袋和尚（?-916）。見《釋氏通鑑》卷12：「明州奉化縣布袋和尚，常以杖荷一布囊并破席，凡供身之具盡貯囊中。日市見物則乞，或醯鹽魚葅（指用醋和鹽醃製的魚菜），才接

入口,分少許投囊中,時號長汀子。」(《新纂卍續藏》冊 76,第 1516 號,頁 128 中 18-20)

❽ 濟顛:指南宋的濟顛道濟禪師(1149-1209)。見宋・沈孟柈述,《濟顛道濟禪師語錄》:「自後眾僧都叫(叫)他做濟顛,每日發風(瘋),惱得滿寺僧人無柰何、難過活,或告長老,長老只是護短。濟顛越風起來,常去冷泉亭下打跟斗撲交、入呼猿洞引猿猴番跟斗、引小的兒上酒店唱山歌。有時眾僧在殿看經接施主,他却托著一盤肉,手敲引磬兒,攪在眾內,口唱山歌,塌地坐在佛殿上喫肉。眾僧告長老,長老曰:『他是風子,汝等休得與他一般見識。』忽一日長老在方丈中坐,只見濟顛手拿著一頂傘兒燈,引著七八十小的兒,口內唱山歌曲兒,前面舞將入來。長老曰:『道濟你沒正經,連累老僧忍氣。』」(《新纂卍續藏》冊 69,第 1361 號,頁 602 上 22- 中 7)

❻⓿ 酒仙:指北宋的酒仙遇賢和尚(922-1009)。見《嘉泰普燈錄》卷 24:「唯事飲酒,醉則成歌,頌警道俗,因號酒仙。」(《新纂卍續藏》冊 79,第 1559 號,頁 434 下 14-15)

❻❶ 蜆ㄒ一ㄢˇ子:指五代十國時期的京兆蜆子和尚。見《景德傳燈錄》卷 17:「京兆蜆子和尚,不知何許人也,事迹頗異,居無定所。自印心於洞山,混俗於閩川,不畜道具,不循律儀。常日沿江岸採掇蝦蜆以充腹,暮即臥東山白馬廟紙錢中,居民目為蜆子和尚。華嚴靜師聞之,欲決真假,先潛入紙錢中。深夜師歸,靜把住,問曰:『如何是祖師西來意?』師遽答曰:『神前酒臺盤。』靜奇之,懺謝而退。後靜師化行京都,師亦至焉,竟不聚徒演法,惟佯狂而已。」(《大正藏》冊 51,第 2076 號,頁 338 上 27- 中 6)

（嘗）與癡闇夫凡行事，同一顛倒而迷惑哉？(662) 今荷擔法門者，無古聖之神通，而徒襲其迹；無佛祖之靈異，而但 (663) 恣 (664) 其貪，豈非師蟲狐種 (665)，自陷波旬 (666)，退人正信，而敗壞法門也哉？凡此者，皆因長老用罔 (667)，以致法嗣效尤，展轉流傳，滋蔓魔業。古云：「其父殺人，其子

---

(662) 何嘗：何曾。凡：平庸的、世俗的。這裡是說，哪裡會跟愚癡凡夫平庸世俗的行事同樣地顛倒迷惑呢？

(663) 但：徒然、只管。

(664) 恣：放縱、聽任。

(665) 師蟲狐種：指徒有虛名但戒律鬆散、不修定慧的禪師。見普寂著，《顯揚正法復古集》卷 2：「末世學律之家，往往生師虫。外現衣鉢隨身，儀容齊整，緩行直視，低聲閉目等之律相；而內懷瑕疵，戒業不淨，正命不行，根門不護，定慧不修。」（《補編》冊 32，第 184 號，頁 591 下 14-17）又，明．明凡錄，《湛然圓澄禪師語錄》卷 1：「千劫學佛細行，萬劫學佛威儀，尚不得成佛。南方一類魔子，敢言直指人心、見性成佛，我當摟其窠穴，絕其狐種。」（《新纂卍續藏》冊 72，第 1444 號，頁 774 中 23- 下 1）

(666) 波旬：魔王名。宋．守遂註、明．了童補註，《四十二章經註》：「佛初成道。天魔波旬以玉女嬈亂耳。」（《新纂卍續藏》冊 37，第 669 號，頁 663 下 13）又，《一切經音義》卷 23：「天魔波旬……謂此類報生天宮，性好勸人造惡退善，令不得出離故也。」（《大正藏》冊 54，第 2128 號，頁 449 下 23-24）

(667) 長老用罔：「罔」，無也。這裡是說，長老放縱而無作為。見宋．

必且行劫。」⑱ 使省悟之後,深入綱宗,敦崇操履,豈有是事哉?溈山曰:「參學人雖從緣得一念頓悟自理,猶有無始現業流識,法當淨除。」⑲ 晦堂曰:「余初入道,自恃甚易,退而自省,矛盾極多,遂力行三年,方得事事如理。」⑳ 乃至趙州四十年不雜用心、㉑ 香林四十年打成一

　　程頤撰,《伊川易傳》卷3:「小人用壯,君子用罔。……罔,无也。」(收錄於《文淵閣四庫全書》冊9,上海:上海古籍出版社,2003年,頁286)

⑱ 行劫:進行劫掠。如《靈峰蕅益大師宗論》卷8:「旭每悲如來正法,一壞於道聽塗說、入耳出口之夫,再壞於色厲內荏、羊質虎皮之徒。其父報讎(仇),其子必且行劫,尤而效之,何所不徑。」(《嘉興藏》冊36,第B348號,頁397下10-12)

⑲ 見《潭州溈山靈祐禪師語錄》:「如今初心,雖從緣得一念頓悟自理,猶有無始曠劫習氣,未能頓淨,須教渠淨除現業流識,即是修也。」(《大正藏》冊47,第1989號,頁577下4-6)

⑳ 見《禪林寶訓》卷1:「晦堂謂朱給事世英曰:『予初入道,自恃甚易,逮見黃龍先師後,退思日用與理矛盾者極多,遂力行之三年,雖祁寒溽暑確志不移,然後方得事事如理。』」(《大正藏》冊48,第2022號,頁1020中9-12)

㉑ 如《禪關策進》:「趙州諗禪師示眾:『……老僧四十年不雜用心,除二時粥飯是雜用心處。』」(《大正藏》冊48,第2024號,頁1098中10-13)

片、㊅⓻㊁涌泉四十年尚有走作,㊅⓻㊂皆悟後事也。先德非不知逆行、順行為大人境界㊅⓻㊃,而勤苦操履,至老而不倦者,識法者懼也。然則鍛鍊衲子,使為後人標榜,法門楷模,精嚴行解,蓋可忽乎哉㊅⓻㊄?

㊅⓻㊁ 香林:指北宋的香林澄遠禪師(?-987),見《五燈會元》卷15:「師謂眾曰:『老僧四十年,方打成一片。』言訖而逝。」(《新纂卍續藏》冊80,第1565號,頁309下14-15)

㊅⓻㊂ 涌泉:指唐代的湧泉景欣禪師。走作:指超出規矩、放逸。見《五燈會元》卷6:「台州涌泉景欣禪師……『我四十九年在這裏,尚自有時走作,汝等諸人莫開大口。見解人多,行解人萬中無一箇。』」(《新纂卍續藏》冊80,第1565號,頁125中5-13)

㊅⓻㊃ 大人境界:「大人」指佛。「大人境界」指與佛無分別的寂照境界。《公案一〇〇》中解釋:「百丈是溈山的師父,雲巖是溈山的弟子,從未見過百丈,故問溈山:『百丈的大人相如何?』『大人相』即佛的身相、面相的三十二種特徵,雲巖問的是從百丈大師所表現出來的佛是什麼模樣。」(《法鼓全集》第4輯第12冊,頁85)

㊅⓻㊄ 蓋可忽乎哉:如何可以輕忽呢?

12

磨治學業第十一

　　本篇強調透徹內、外學的重要。內學包含出世間一切著述，通透方能出世利生；外學則指世間一切典籍，了解才能入世應物。戒顯禪師認為，在根本未明、疑團未破前，不論利根或鈍根皆須苦參，此時不可重學而棄參。等到疑團頓破、根本已明後，則應精研五家宗旨、儒學等一切內、外學業，不可單參而廢學。如此，未來成為長老時，方有能力疏通四眾的質疑問難，也能以各種善巧接引、開鑿學人。總而言之，長老鍛鍊學人不可固著於一法，須文采並兼、因材施教，先鍛鍊學人使其開悟，然後磨治其學業，使其有德有學，未來才能肩負傳揚禪法的重任。

大道不在言也，非言無以顯道；佛法不在學也，非學無以明法。真為生死者，不能離名絕相，叩己而參❻❼❻；而馳騖義學❻❼❼，棄本逐末，則「聰明不能敵業，博洽豈免苦輪」❻❼❽。況學之為道，深廣而靡竟❻❼❾，賾奧而難窮❻❽⓪。儒者白首窮經，猶苦不給❻❽①，況惜翦爪❻❽②而求出世者哉？然

---

❻❼❻ 叩己而參：指專心實修參話頭。如明・智旭集，《法海觀瀾》卷3：「佛照禪師對宋孝宗云：『但念念叩己而參，驀然一念相應，如桶底子脫相似，直至成佛，永無退轉。』」（《補編》冊 24，第 131 號，頁 63 上 17-18）
❻❼❼ 馳騖義學：此指奔競追逐於教義學問。
❻❼❽ 博洽：指學識廣博。此語原出自唐代的汾州無業禪師（761-822），見《景德傳燈錄》卷 28：「且聰明不能敵業，乾慧未免苦輪。假使才並馬鳴、解齊龍樹，只是一生兩生不失人身。」（《大正藏》冊 51，第 2076 號，頁 444 下 17-19）
❻❼❾ 深廣而靡竟：靡：沒有。竟：完畢。此指內容深廣而無法探究完畢。
❻❽⓪ 賾ㄗㄜˊ奧而難窮：指義蘊精深奧妙而難以窮盡。
❻❽① 不給：時間不夠、來不及。
❻❽② 翦爪：「翦爪」一語出自商湯祈雨的故事，因商湯討伐夏桀之後大旱七年，於是商湯剪爪斷髮作為牲禮祈雨。

欲通宗教、辨古今、明綱宗、識機用、眼目後進、決擇人天，則學亦不可少也。夫學有內有外，內學者何？滿龍宮、盈海藏，❽⃝西天此土❽⃝、梵語唐言、千七百則陳爛葛藤❽⃝，出世間（間）一切著述是也。外學者何？墳典丘索❽⃝、詩書六藝❽⃝、屋廒津逮之藏❽⃝、國門名山之業❽⃝、

---

❽⃝ 滿龍宮、盈海藏：經藏充滿、盈溢於大海龍宮的法藏寶庫。元・普度編，《廬山蓮宗寶鑑》卷10：「漸教大乘小乘，盈溢乎龍宮海藏。」（《大正藏》冊47，第1973號，頁343上23-24）

❽⃝ 西天此土：亦作「西天東土」，此指印度、漢地的祖師們。如《大慧普覺禪師語錄》卷9：「入此門來莫存知解，只如一大藏教說權說實、說頓說漸、說有說無，乃至西天此土諸代祖師，古往今來一切知識，種種言語種種作用。」（《大正藏》冊47，第1998A號，頁846上17-20）

❽⃝ 千七百則陳爛葛藤：指禪宗的所有公案。《景德傳燈錄》序文云：「由七佛以至大法眼之嗣，凡五十二世，一千七百一人，成三十卷。」（《大正藏》冊51，第2076號，頁196下3-4）

❽⃝ 墳典丘索：「墳典」是指《三墳》、《五典》，「丘索」同「邱索」，指《八索》及《九邱》。這些都是上古典籍，後來則轉為古代典籍的通稱。

❽⃝ 詩書六藝：「詩書」指《詩經》和《尚書》。「六藝」指儒家的《禮》、《樂》、《書》、《詩》、《易》、《春秋》。此語用來泛指書籍。

❽⃝ 屋廒、廒又津逮之藏：「屋廒」是指山或水的曲折處。「津

春秋史學[690]、諸子百家[691]，世閒（間）一切典籍是也。

　　非[692]內則本業不諳，出世何以利生？非外則儒術[693]無聞，入世不能應物[694]，使人謂禪家者流，盡空疎（疏）[695]而寡學，闇鈍[696]而無知，何以抉[697]佛祖心髓，服天下緇素[698]之俊傑哉？或者曰：向上一著，迥絕[699]名言，世尊

　　逮」是指由津渡而到達某處，也可比喻通過一定的途徑而達到或得到。這句是說，歷盡千山萬水方能得到的書藏。

[689] 國門名山之業：「國門」指國都的城門或國家的邊境。「名山」多指五岳。「業」是版，乃古代書冊之版。這句是用來比喻全國各地名山所藏書籍。

[690] 春秋史學：《春秋》乃編年體史書名，相傳為孔子據魯史修訂而成，所記起於魯隱公元年，止於魯哀公14年，共二百四十二年。這裡的春秋史學指的則是古編年史的通稱，用來泛指史冊等。

[691] 諸子百家：此為先秦至漢初學術思想流派的總稱。

[692] 非：反對、沒有。

[693] 儒術：指儒家的原則、學說、思想等。

[694] 應物：順應事物、待人接物。

[695] 空疎：空虛淺薄。

[696] 闇鈍：愚拙。

[697] 抉：揭露、挑選。

[698] 緇素：指僧俗。

[699] 迥ㄐㄩㄥˇ絶：遠遠勝過、大不相同。

既明說不立文字,教外別傳矣。曹溪曰:「諸佛妙理,非關文字。」⑦⁰⁰ 藥山不說法,曰:「經有經師,論有論師,爭怪得山僧?」⑦⁰¹ 今欲使人磨治學業,必務貫穿名句 ⑦⁰²。粗識經史,畋漁鉛槧 ⑦⁰³,播弄丹黃 ⑦⁰⁴,變禪門而成文字,增知解而壞先宗,必自此始矣。

---

⑦⁰⁰ 曹溪:指六祖惠能大師。見《六祖大師法寶壇經》,《大正藏》冊48,第 2008 號,頁 355 上 17-18。

⑦⁰¹ 藥山:指唐代的藥山惟儼禪師(746-829)。參見《聯燈會要》卷19:「師久不上堂,院主白云:『大眾久思和尚示誨。』師云:『打鐘著。』院主打鐘,大眾纔集,師便下座,歸方丈。院主隨後問:『和尚許為大眾說話,為甚一詞不措?』師云:『經有經師,論有論師,又爭怪得老僧?』」(《新纂卍續藏》冊 79,第 1557號,頁 164 上 2-5)

⑦⁰² 名句:指名詞語句對現象的定義及概念說明。如唐・地婆訶羅譯,《大乘廣五蘊論》:「云何名身?謂於諸法自性,增語為性,如說眼等。云何句身?謂於諸法差別,增語為性,如說諸行無常等。」(《大正藏》冊 31,第 1613 號,頁 854 中 19-22)

⑦⁰³ 畋ㄊㄧㄢˊ漁鉛槧ㄑㄧㄢˋ:對各項典籍涉獵廣泛。「畋漁」原為打獵和捕魚,在此比喻閱讀涉獵廣泛。「鉛」是鉛粉筆,「槧」為木板片,「鉛槧」乃指文章、典籍。

⑦⁰⁴ 丹黃:指點校文字的丹砂、雌黃。(參見註 ⑰⁵)

余曰「參學」二字，諸祖所立，自有次第，雖不可重學而棄參，而亦不可單參而廢學也。方其根本未明、疑團未破，根無利鈍，皆須苦參。正當參時，剗（鏟）盡名言，截盡知見，四面無門而鐵山❼⓪❺橫路，眉閒（間）掛劍而血濺梵天❼⓪❻。留一元字腳（腳）❼⓪❼，褁（雜）毒入心，眼中著屑矣。學問云乎❼⓪❽哉？其參而得悟也。撲破琉璃

---

❼⓪❺ 鐵山：比喻堅固之屏障。
❼⓪❻ 眉閒掛劍而血濺梵天：「眉間掛劍」是比喻禪師銳利的機鋒。此語典故出自大慧禪師，見《大慧普覺禪師年譜》：「冬至秉拂，昭覺元禪師出眾，問：『眉間挂劍時如何？』師云：『血濺梵天。』圜悟時於座下，以手約云：『住！住！問得極好，答得更奇。』元乃歸眾，叢林由是改觀。」（《嘉興藏》冊 1，第 A042 號，頁 798 上 2-4）
❼⓪❼ 留一元字腳：比喻仍存文字思維而尚未開悟。「一元字腳」語出首山省念禪師，見宋·紹曇記，《五家正宗贊》卷 2：「上堂曰：『若論此事，實不掛一元字腳。』便下座。」（《新纂卍續藏》冊 78，第 1554 號，頁 587 下 5-6）
❼⓪❽ 云乎：助詞，用於句末，表示疑問、感嘆。

瓶❼⁰⁹，放出遼天鶻❼¹⁰，葢（蓋）天葢地而敲空作響❼¹¹，透聲透色而枯木龍吟。❼¹² 諸祖言句，是甚盌（碗）鳴聲❼¹³？

❼⁰⁹ 撲破琉璃瓶：打破學人的執著。如《大慧普覺禪師宗門武庫》：「師一日云：『我這裏無法與人，祇是據款結案。恰如將箇琉璃瓶子來，護惜如什麼，我一見便為爾打破。』」（《大正藏》冊 47，第 1998B 號，頁 956 下 20-22）又，《濟顛道濟禪師語錄》：「琉璃瓶子擊碎，方知總是虛花，幾年閨閣風流，盡屬落花流水。山僧為汝，脫骨洗腸。」（《新纂卍續藏》冊 69，第 1361 號，頁 614 上 15-17）

❼¹⁰ 遼天鶻ㄏㄨˊ：用來比喻佛性或是禪師的傑出機用及機鋒。如《大慧普覺禪師普說》卷 3：「妙用全提向上機，等閑放出遼天鶻。」（《卍正藏》冊 59，第 1540 號，頁 892 中 5）又，宋・處凝等編，《白雲守端禪師廣錄》卷 4：「併却泥佛金木佛，趙州放出遼天鶻。」（《新纂卍續藏》冊 69，第 1352 號，頁 326 下 9）

❼¹¹ 葢天葢地而敲空作響：意指徹悟之後體證佛法的顯現無所不在，已無二元對立的執著，於草木山河、行住坐臥間任運自在。「敲空作響」語出東晉竺道生法師（355-434），見《雲門匡真禪師廣錄》卷 2：「舉生法師云：『敲空作響，擊木無聲。』」（《大正藏》冊 47，第 1988 號，頁 557 下 26）

❼¹² 透聲透色而枯木龍吟：透達聲色的本質，徹見空性不為聲色所動，而能靈活運用一切手段。「透聲透色」見《圓悟佛果禪師語錄》卷 2：「不免尚留觀聽，未透聲色。若能見無見之色、聞無聞之聲，撥轉路頭，踏翻關捩，句句超佛越祖，塵塵耀古騰今，處處離色絕

三乘教義,是甚繫驢橛?德山大悟,乃云:「窮諸玄辯,如一毫置於太虛(虛);竭世樞機,似一滴投於巨壑。」❼⓮使不撥置名言,一回大死,以求絕後再甦,有如是廓

> 名,箇箇斬釘截鐵,心外無法,法外無心,用王庫刀發十鈞弩,壁立萬仞坐斷十方,可以入大解脫門,傳正法眼藏。」(《大正藏》冊 47,第 1997 號,頁 721 中 21-26) 「枯木龍吟」語出自唐代的香嚴智閑禪師,見《聯燈會要》卷 8:「僧問:『如何是道?』師云:『枯木裏龍吟。』」(《新纂卍續藏》冊 79,第 1557 號,頁 77 中 10)

❼⓭ 鉊ㄨㄢˇ鳴聲:將菜放入很滾燙的熱碗時所發出的聲音,聽起來雖滋滋作響,但跟菜的美味與否並沒有關係。禪師常以此來警惕學人不可執於表相而無紮實內涵。如《大慧普覺禪師語錄》卷 27:「若真箇作得箇了事凡夫,釋迦達磨是甚麼泥團土塊?三乘十二分教是甚麼熱鉊鳴聲?」(《大正藏》冊 47,第 1998A 號,頁 925 上 12-14)又,宋·才良等編《法演禪師語錄》卷 1:「臨濟入門便喝,是甚鉊鳴聲?德山入門便棒,拗曲作直。雲門三句,曹洞五位,大開眼、了作夢,何故如此?國清才子貴,家富小兒嬌。」(《大正藏》冊 47,第 1995 號,頁 651 中 16-19)

❼⓮ 樞機:比喻事物的關鍵部分。巨壑:此指大海。見《聯燈會要》卷 20:「師取疏抄,於法堂前,將一炬火提起云:『窮諸玄辯,若一毫置於太虛;竭世樞機,似一滴投於巨壑。』將疏抄便燒。」(《新纂卍續藏》冊 79,第 1557 號,頁 172 上 18-20)此句是說,即便是義學的關鍵,於參學開悟亦無助益。

徹 ⓕ，如是奇特乎？是則不可重學而棄參也。

　逮乎 ⓕ 疑團破矣，根本明矣，涅槃心易曉，差別智 ⓕ 難明，古人有言矣。ⓕ 即涅槃心中，有無窮微細；差別智內，有無限諕訛。諸祖機緣，如連環鉤鎖；五家宗旨，如

ⓕ 廓徹：開闊通徹之意。

ⓕ 逮乎：等到……的時候；到了……的時候。

ⓕ 差別智：乃於證得根本智之後，觀照差別相、度生所用之智慧，為後得智。如聖嚴法師解釋：「何謂根本智與後得智？根本智，又名根本無分別智，乃是諸智的根本，契證真如妙理之智，是任運徹照法體，契會真理，又名如理智、實智、真智。《成唯識論》卷十云：『緣真如故，是無分別。』至於後得智，又名無分別後智，即是在得到無分別智之後所起的慧用。根本智，非能分別，亦非所分別，後得智為所分別及能分別。根本智為如理智，後得智為如量智，佛陀成等正覺是根本智，佛陀成佛後起大悲心救度眾生所用者為後得智。」(《探索識界──八識規矩頌講記》，《法鼓全集》第 7 輯第 6 冊，頁 58-59)

ⓕ 如《宗鏡錄》卷 5 云：「今時學者，多迷空、有二門，盡成偏見。唯尚一切不立，拂迹歸空；於相違差別義中，全無智眼。既不辯惑，何以釋疑？故云『涅槃心易曉，差別智難明。』若能空、有門中，雙遮雙照，真、俗諦內，不即不離，方可弘法為人。」(《大正藏》冊 48，第 2016 號，頁 441 上 8-13)

臥內兵符[719]。言意藏鋒，金磨玉碾而不露；有無交結[720]，蛛絲蟻跡[721]而難通。此豈僅當陽廓落[722]、止得一橛者，謂一了百了、一徹盡徹哉？溫研積諗，全恃乎學也。

　　況不為長老則已，既欲居此位，則質疑問難[723]，當與

---

[719] 臥內兵符：「臥內」指臥室、內室。此語典故出自戰國時期，秦國圍困趙國，趙國求救於魏國，但魏王懼怕秦國而不敢出兵。魏王的弟弟信陵君魏無忌，擔心遠嫁趙國的姊姊安危，於是聽取侯嬴的計策，借魏王寵妾如姬之手偷到兵符，並奪取兵權，最後成功擊敗秦軍、救援趙國，並鞏固了魏國的地位。見宋・李昉等撰，《太平御覽》：「嬴聞晉鄙之兵符，常在王臥內，而如姬最幸，可為如姬復父之讎，求其虎符，奪晉鄙軍。」（收錄於《文淵閣四庫全書》冊896，上海：上海古籍出版社，2003 年，頁 45）

[720] 交結：指往來交際密切。

[721] 蛛絲蟻跡：比喻隱約可尋之線索以及依稀可辨的痕跡。

[722] 當陽廓落：指當下見性。

[723] 質疑問難：謂心存疑難向人提問以求解答。

四眾❼㉔跡（疏）通，偈頌言句、徵拈別代❼㉕法語等事，當與學人點竄而開鑿❼㉖，此非可以胡亂而塞責也。且三藏之鴻文❼㉗，義天浩瀚❼㉘；五部之戒法❼㉙，律海淵宏❼㉚。具在琅函❼㉛，傳之梵庋❼㉜，豈可束歸高閣？但❼㉝籠統而稱禪，

---

❼㉔ 四眾：即「四部眾」，指比丘、比丘尼、優婆塞、優婆夷。

❼㉕ 徵拈別代：指徵古、拈古、別語、代語。禪師舉出古人公案之後，對學人提出詢問叫作「徵古」；簡單地以詩偈說明或評量公案為「拈古」，也稱「拈提」、「拈則」；有新的解釋或重新提出對應說法，叫作「別語」；代古人或學人的答語則叫「代語」。

❼㉖ 點竄而開鑿：「點竄」原指刪改或修改文句。這句話則是指禪師調整「偈頌言句、徵拈別代法語」以點撥學人。

❼㉗ 三藏之鴻文：指經、律、論等巨著。

❼㉘ 義天浩瀚：法義如天一般空闊廣大。

❼㉙ 五部之戒法：指律藏。見梁·僧佑撰，《出三藏記集》卷 3：「佛言：『此乃我滅度後，律藏當分為五部。』」（《大正藏》冊 55，第 2145 號，頁 20 上 2-3）包含薩婆多部之《十誦律》、曇無德部之《四分律》、大眾部之《僧祇律》、彌沙塞部之《五分律》，以及迦葉遺部之《解脫戒經》。

❼㉚ 律海淵宏：律藏如海一般深遠宏大。

❼㉛ 具在琅函：供置在書匣內。「琅函」為書匣。

❼㉜ 傳之梵庋ㄐㄧˇ：傳流於經架上。「梵庋」指貯藏經典的櫃架。

❼㉝ 但：只；僅。

甘作生盲，徒輕狂而傲物。法門典籍，是事糢糊❽;治世語言❽,通身黯黑。叩❽以宗教,則左支右吾;諸以典章❽,則面赤語塞。開口則鳴同野干❽,捫舌則醜類啞

---

❽ 是事糢糊：「糢糊」：也作「模糊」。「是事」：事事、凡事。
❽ 治世語言：指治理世間一切言語。見宋・聞達解,《法華經句解》卷 6,《新纂卍續藏》冊 30,第 604 號,頁 596 中 19。
❽ 叩：詢問。
❽ 典章：制度、法則。
❽ 野干：又作「射干」,是一種顏色青黃、似狐而小、且夜鳴聲如狼的羣行動物。見《一切經音義》卷 70 云:「梵語『悉伽羅』,形色青黃,如狗羣行,夜鳴聲如狼也,字又作『射干』。……似狐而小,能緣木。」（《大正藏》冊 54,第 2128 號,頁 763 上 17-18）

羊[739]。輒欲[740]冒（胄）衣拂[741]，踞曲盝，自稱楊鄭[742]，誑謼閭閻[743]，日某宗某派也，豈不慚愧殺[744]人也哉？

[739] 捫舌則醜類啞羊：此句形容禪師不能說法之窘態。「捫舌」指按住舌頭，表示不說話或不發聲。「醜類」指同類，通常為對惡人的蔑稱。「啞羊」出自龍樹菩薩所造之《大智度論》，用來比喻至愚不知解悟之人。見姚秦‧鳩摩羅什譯、龍樹菩薩造，《大智度論‧序品》卷3：「云何名啞羊僧？雖不破戒，鈍根無慧，不別好醜，不知輕重，不知有罪無罪；若有僧事，二人共諍，不能斷決，默然無言。譬如白羊，乃至人殺，不能作聲，是名啞羊僧。」（《大正藏》冊25，第1509號，頁80上18-22）又，宋‧曇秀輯，《人天寶鑑》云：「有三寸舌而不能說法，佛謂之啞羊。」（《新纂卍續藏》冊87，第1612號，頁4中7）

[740] 輒欲：動不動就想、每每想。

[741] 冑、衣拂：這裡乃暗貶其表現得像是宗派正統傳承者。「冑」指對先輩的承續，或古代帝王及士冑貴族的後嗣。「衣拂」指禪師的法衣及拂子，禪林常以付衣鉢等方式付法，如明‧大成等編，《天界覺浪盛禪師語錄》卷4：「乃召奇首座曰：『即此衣拂，用付與汝，以表吾宗傳續有在，汝尚慎哉！』座禮拜曰：『和尚慈悲太過，實是恩大難酬。』」（《嘉興藏》冊25，第B174號，頁702下12-14）

[742] 自稱楊鄭：指那些表現寂寞恬淡而自稱為某個宗派傳承的長老，唐‧道宣撰，《廣弘明集》卷19：「雖顏段之栖（棲）遲偃仰（意

禮曰：「言之無文，行而不遠。」❼⁴⁵ 故鍛鍊衲子而膠柱❼⁴⁶一法者，學家多不盡其能；陶鑄人材而文采不兼者，法門多不得其用。盲人摸象❼⁴⁷，全無鼻孔者無論矣❼⁴⁸；鼻孔雖正而木吶（訥）無文者，住靜則有餘，利生

謂漂泊失意而隨世俗應付）、楊鄭之寂寞恬惔。」（《大正藏》冊 52，第 2103 號，頁 233 中 23-24）

❼⁴³ 誆諕閭閻：欺騙恐嚇一般平民。「閭閻」指里巷，泛指民間、平民。

❼⁴⁴ 殺：此處同「煞」，助詞，用在動詞後，表示程度深。

❼⁴⁵ 言之無文，行而不遠：說話沒有文采，就傳播不遠。此語乃出自孔子，見《左傳‧襄二十五年》：「仲尼曰：『《志》有之：言以足志，文以足言。不言，誰知其志，言之無文，行而不遠。』」（收錄於晉‧杜預注、唐‧孔穎達等疏，《左傳注疏及補正》上冊，臺北：世界書局，1963 年，頁 4）

❼⁴⁶ 膠柱：膠住琴瑟上的弦柱，以致無法調節音的高低。用來比喻固執拘泥而不知變通。

❼⁴⁷ 盲人摸象：比喻對事物沒有完整或究竟的了解，看問題時以偏概全。此語出自《大般涅槃經》，有位國王向眾盲人展示一頭象，眾盲人以手觸象後，因所觸位置不同，而認為象如蘿蔔根、畚箕、石頭……等不同物品的故事。其中，象比喻佛性，盲人則是指一切眾生。（詳見《大般涅槃經》卷 32，《大正藏》冊 12，第 374 號，頁 556 上 8-21）

❼⁴⁸ 全無鼻孔者無論矣：修行上完全沒有正知見與入手處的人就不必說了。

則不足。破瓶非器,人品不端者無論矣;人品雖端而幅幅❼⁴⁹寡學者,但可與修持,不可與扶豎(豎)❼⁵⁰。此雖學家之資器有定,而亦師家爐鞲不寬❼⁵¹之過也。

其最偏見者,以曹溪不識字為護身,見學人略究古今,即呵為拋家亂走;以德山解黏語❼⁵²為實法,見同住稍研經教,即罵為數寶算沙❼⁵³;以長年死坐、埋身鬼窟為真佛真法,見從上知識稍有著述者,即貶為知解宗徒。由是天童❼⁵⁴、雪竇❼⁵⁵、永明❼⁵⁶、佛印❼⁵⁷、明教❼⁵⁸、覺範❼⁵⁹、

---

❼⁴⁹ 幅幅:「幅」泛指寬度,有界限、限度之意。

❼⁵⁰ 扶豎:扶植豎立。

❼⁵¹ 師家爐鞲ㄅㄞˇ、不寬:指長老鍛鍊學人的能力不足。爐鞲同「爐韛」,借指熔爐。

❼⁵² 解黏語:指禪師為斷除學人情識知解與分別心的機用言語。《佛果克勤禪師心要》卷1:「德山棒、臨際喝,並是透頂透底,直截剪斷葛藤,大機大用,千差萬別會歸一源,可以與人解黏去縛。」(《新纂卍續藏》冊69,第1357號,頁456中17-19)

❼⁵³ 數寶算沙:即「說食數寶、入海算沙」。「說食數寶」是說,畫餅無益於飢腸,仍然不能充飢。「入海算沙」則是到海底數沙子。以上都是此喻白費功夫。

❼⁵⁴ 天童:宏智正覺禪師,又稱天童正覺禪師。

❼⁵⁵ 雪竇:北宋雪竇重顯禪師(980-1052)。

❼⁵⁶ 永明:北宋永明延壽禪師(905-976)。

妙喜、中峰㊟、璉三生㊟、泉萬卷㊟，皆貶之為文字善知識矣，豈不冤哉？夫馬鳴、龍樹，何嘗（甞）不造論？㊟ 而單傳直指，為西天大祖。曹溪雖示不識字，而說法如雲，金章玉句㊟，萬世取則。乃借此躲根㊟，令後生初進，荒唐廢學，以至目不識丁，亦可歎矣。嗟乎！天地閒（間）文瀾學海㊟，奇才異能，雖云閒氣㊟，然大龍大象，佛祖其骨、錦綉（繡）㊟其胷（胸）者，法門中亦自不絕。即資器中下者，善於裁成㊟，亦可通達。所貴善知識，因

㊟ 佛印：北宋佛印了元禪師（1032-1098）。
㊟ 明教：北宋明教契嵩禪師（1007-1072）。
㊟ 覺範：惠洪覺範禪師。
㊟ 中峰：中峰明本禪師。
㊟ 璉三生：北宋懷璉大覺禪師（1010-1090）。
㊟ 泉萬卷：北宋佛慧法泉禪師。
㊟ 馬鳴菩薩著有《大乘起信論》，龍樹菩薩則著有《中論》等。
㊟ 金章玉句：指華麗的詩文。
㊟ 躲根：比喻如同以腳踵原地踏步，停滯而無所進步。（參見註 ㊟）
㊟ 文瀾學海：指文章波瀾跌宕起伏。
㊟ 閒氣：亦作「間氣」，亦作「閑氣」。舊稱上應星象、稟天地特殊之氣，隔代而出的英雄偉人為「閒氣」。
㊟ 錦綉：比喻美麗或美好的事物。
㊟ 裁成：裁剪製成，指栽培。

材而磨治，先鍛其悟門，次礱❼⁰其學業，俾❼¹有本有文，有德有學，出❼²而播揚❼³宗教，砥柱頹（穨）流❼⁴，即法門不致掃地，而老胡有望❼⁵矣。

---

❼⁰ 礱ㄌㄨㄥˊ：原指磨去穀殼的工具，動詞有磨鍊砥礪之意。
❼¹ 俾：使。
❼² 出：對外。
❼³ 播揚：傳揚、傳布。
❼⁴ 砥柱頹流：「砥柱」亦作「砥砫」，原為矗立於黃河中流的山名。「頹流」指水勢下流。此語猶「砥柱中流」，用來比喻能肩負重任、支撐危局。
❼⁵ 老胡有望：在此用來喻指禪法得以傳承發揚。「老胡」指初祖菩提達摩。

簡練才能第十二

　　戒顯禪師認為,道德雖然最為重要,但若要肩負法門傳承的重任,必要才德兼備。因為有德雖可服眾,但也須具備才智能力,方能於繁瑣事務上應變得當。而訓練才能的方法,乃視其資質,委予各項執事來加以磨鍊。故本篇先介紹寺院工作職稱與職掌,再舉例說明祖師大德也都曾經歷過這些細瑣職事的鍛鍊而成大器。戒顯禪師並提醒長老,不可急於收人就隨意付授,也不可不經審察就隨便指派職事。長老訓練學人之初,須善於敲擊使其開悟,之後則要能妥善安排職事予以磨鍊才能,如此才能選汰出最適合的人承繼祖庭。

明教嵩曰：「尊莫尊乎道，美莫美乎德。」❼⓰道德者，世出世間（間）之大寶，不聞以才也。有才而無德，寧有德而無才。世法且然，況希佛祖，出生死、練神明❼⓱、歸寂滅者，所學者何事？而才能是問乎❼⓲？然安椎

---

❼⓰ 明教嵩：指宋代的明教契嵩禪師。語見宋・契嵩撰，《鐔津文集》卷 7，《大正藏》冊 52，第 2115 號，頁 680 下 8。另，清・張文嘉較定、張文憲參閱，《禪林寶訓合註》卷 1：「心通曰道……即佛祖微妙之道也……身正曰德，立身之謂也，僧有戒定慧，儒有孝悌忠信，皆謂之德也。」（《新纂卍續藏》冊 64，第 1263 號，頁 470 上 6-9）又，清・智祥述，《禪林寶訓筆說》卷 1：「尊，重也。美，嘉也。……謂世間可尊可重者，莫有過於道；可嘉可美者，莫有過於德。」（《新纂卍續藏》冊 64，第 1266 號，頁 620 下 2-4）

❼⓱ 練神明：指去除塵念煩惱、修智慧。唐・道宣撰，《廣弘明集》卷 2：「經無數劫藻練神明，乃致無生而得佛道也。」（《大正藏》冊 52，第 2103 號，頁 101 中 4-5）

❼⓲ 而才能是問乎：是審察其才能嗎？此處的「而」是代詞，指你的、他的。「是」為助詞，用於句中，使賓語「才能」提前。

魯⁷⁷⁹、守拙撲⁷⁸⁰、鍵戶而寡營⁷⁸¹，善一身則可，而以主宰叢林、綱紀⁷⁸²衲子、肩法門鉅任、豎佛祖高幢，非長才異能、簡練⁷⁸³有素，烏能⁷⁸⁴勝任而光大哉？

故治叢林，不可以無才，而亦不可有恃才之人。恃才者進，則為害非細。故推其才，又不可不論其德。佛祖門庭，非若⁷⁸⁵世法用人，得使貪使詐，即跅⁷⁸⁶之才、泛駕⁷⁸⁷之器，可以權衡駕馭者也。然其中最難者，造物生人，全才少、偏才多；才德相兼者少，而不相兼者多。視其人，真誠厚重⁷⁸⁸、言規行矩，好參學、好修持，其德足

---

⁷⁷⁹ 安椎魯：指習慣、滿足於魯鈍而不知進取。

⁷⁸⁰ 守拙撲：「撲」應為「樸」。指維持遲鈍樸實的狀態。

⁷⁸¹ 鍵戶而寡營：閉門而少欲。「鍵戶」指關閉門戶。「寡營」形容欲望少，不為個人營謀打算。

⁷⁸² 綱紀：治理、管理。

⁷⁸³ 簡練：選用訓練之意。

⁷⁸⁴ 烏能：何能、哪裡能。

⁷⁸⁵ 非若：不像。

⁷⁸⁶ 跅ㄊㄨㄛˋ、弛：同「跅弛」，指放蕩而不循規矩。

⁷⁸⁷ 泛駕：比喻不受駕御。「泛」為翻覆之意。

⁷⁸⁸ 厚重：敦厚莊重。

以服眾矣;而舉以任事[789],心跋前疐（疌）後[790]、支左缺右[791],而一籌莫展,其所短者,才也,非德也。視其才,便捷敏給[792]、果敢向前[793],能文雅、能武健,其才足以應變矣;一授以事權,則妒賢嫉能、攪羣亂眾,而無慝[794]不露,其所詘[795]者,德也,非才也。

　　為長老者,孰不重德？而事又不可以不治;孰不憐

---

[789] 任事：擔負責任、委以職事。
[790] 跋前疐ㄓˋ、後：同「跋胡疐尾」、「跋前躓後」,比喻進退兩難。此典故出自詩經,形容老狼的脖頸有垂肉,往前走時會踩到垂肉,往後退的話又會被尾巴絆倒。見《太平御覽‧獸部》（收錄於《文淵閣四庫全書》冊 901,上海：上海古籍出版社,2003 年,頁 144）「跋」指踐踏,「疐」為絆倒。
[791] 支左缺右：應為「支左屈右」或「支左詘右」。「支左屈右」原指射箭時左手持弓、右手屈曲扣箭的姿勢。之後轉為「支左詘右」來形容處境窘促而顧此失彼,或指財力、能力不足而窮於應付。
[792] 便捷敏給：靈活敏捷。
[793] 果敢向前：行事果決勇敢而無所顧忌。
[794] 慝ㄊㄜˋ、：通「忒」。過錯、差失。
[795] 詘ㄑㄩ：短縮、缺少。

才？而僨事者⓻⁹⁶又不可以不去。貴有道焉⓻⁹⁷，以陶鎔⓻⁹⁸之、成補⓻⁹⁹之、琢磨之，使剛柔皆可效用、敏鈍總無廢材，亦曰簡練以執事而已矣。執事有大小、有內外、有左右、有文武，主宰叢林者，缺一而不可。百丈有見乎此也，其建立清規也，先定頭首十局⁸⁰⁰而次及於列職，若朝廷用人。然星羅而碁（棋）布⁸⁰¹、絲連而繩牽，務令頭目相衛、指臂相捍⁸⁰²，用之得其當而叢林整肅，法道行

⓻⁹⁶ 僨ㄈㄣˋ事者：敗事者。「僨」指搞壞、弄糟。
⓻⁹⁷ 貴有道焉：以道德為重。「貴」：注重、重視。
⓻⁹⁸ 陶鎔：陶鑄熔煉，比喻培養、造就。
⓻⁹⁹ 成補ㄔˇ：同「成持」，幫助、使成就。
⁸⁰⁰ 頭首十局：又稱「十局頭」，見《禪林寶訓音義》：「十局頭，今十局，即百丈清規中，兩序要也，餘不預焉。謂兩堂首座、書記、藏主、知客、都管、監寺、副寺、維那、典座也。」（《新纂卍續藏》冊64，第1262號，頁462中2-5）古禪林在佛殿法堂正式聚會時，職事僧會分作東、西兩班。若要細分，則東班職事僧以精通世事者擔任，總稱為「知事」；西班職事僧則以學德兼修者擔任，總稱為「頭首」，如《勅修百丈清規》卷4：「頭首務擇才德相當者為之。」（《大正藏》冊48，第2025號，頁1134上7）
⁸⁰¹ 星羅而碁布：同「星羅棋布」。天星羅列如棋子分布，用來形容多而密。
⁸⁰² 頭目相衛、指臂相捍：帶頭負責者與優秀的副手們能互相捍衛。

矣。此非故抑揚而高下之也,因材分有良楛❽、天資有厚薄、能事❽有勝劣、器量有寬窄,一因其能而器使❽,而人才當矣。然叢林者,又所以陶鎔人根、變化氣質,又不宜任其自然,必多其爐鞴,拔其尤❽以厲眾、汰其惰以懲餘,賞罰分明而能事出矣。此則治叢林之大綱,不可紊亂者也。其有頭角英異❽,根本綱宗已明,可望為種草❽者,則簡練更當周備,不可輕易放行也。

---

❽ 材分有良楛ㄎㄨˇ:指天資有精良與粗劣之分。「楛」乃指器物粗劣不堅固。
❽ 能事:所擅長之事、能任事。
❽ 器使:衡量才能而任用。
❽ 拔其尤:選取特別優異者。語出唐代韓愈的〈送溫處士赴河陽軍序〉:「東都雖信多才士,朝取一人焉,拔其尤;暮取一人焉,拔其尤。」
❽ 頭角英異:指氣概才華出眾超群。
❽ 種草:謂佛性之於人,猶如草木之有種子,係人人必具者,故稱為種草。在這裡,則用來比喻能夠繼承禪法者。如《禪林寶訓音義》:「種草者,如農家種田,相地厚薄而投子也。」(《新纂卍續藏》冊 64,第 1262 號,頁 442 中 4-5)

東序，由下而上，則：悅眾⁽⁸⁰⁹⁾，以肅諷誦⁽⁸¹⁰⁾；直歲⁽⁸¹¹⁾，以領眾務；典座⁽⁸¹²⁾，以主烹飪；知庫⁽⁸¹³⁾，以司會

⁽⁸⁰⁹⁾ 悅眾：為「維那」之副手。見《百丈清規證義記》卷6：「悅眾乃維那之副，此執凡有數人（以大二三四別之），若維那不在堂，皆須帶管。」（《新纂卍續藏》冊63，第1244號，頁444中23-24）又聖嚴法師在《法鼓山的方向：護法鼓手》也曾說明：「『悅眾』這個名稱，原來是寺院中掌理僧眾職務的一個職稱，又稱為『執事』。執事在僧團中，負責照顧大眾、安排事物，使得大家能夠非常順利、和諧、精進地在團體裡修行辦道，因此被稱為『悅眾』。」（《法鼓全集》第9輯第5冊，頁65）

⁽⁸¹⁰⁾ 諷誦：揚誦經文或偈頌。

⁽⁸¹¹⁾ 直歲：負責管理一切勞動、雜務，以及殿堂、寮舍的修建等事。《勅修百丈清規》卷4：「直歲，職掌一切作務。凡殿堂、寮舍之損漏者，常加整葺。動用什物，常閱其數。役作人力，稽其工程、黜其游墮，毋縱浮食蠹財害公。田園莊舍、碾磨碓坊、頭匹舟車、火燭盜賊、巡護防警，差撥使令賞罰惟當，並宜公勤勞逸必均，如大修造則添人同掌之。」（《大正藏》冊48，第2025號，頁1132下19-24）

⁽⁸¹²⁾ 典座：主管大眾齋粥、料理廚房的一切工作。《勅修百丈清規》卷4：「典座，職掌大眾齋粥。一切供養務在精潔，物料調和檢束局務，護惜常住不得暴殄，訓眾行者循守規矩，行益普請不得怠慢。」（《大正藏》冊48，第2025號，頁1132下13-15）

⁽⁸¹³⁾ 知庫：又作「庫頭」，隸屬副寺之下，司掌所有倉庫。如《幻住庵

計;副寺❽,以助總理;維那❽,以飭堂規;監院、都寺❽,以任院事。稍不歷練,紛煩現前,必蕪廢而不治

清規》云:「知庫,古叢林無副寺之名,惟稱庫頭。掌一切支收出內,即知庫之職(職)也。凡庫司、金穀、菴門、資具,物無大小,悉書于簿。」(《新纂卍續藏》冊63,第1248號,頁582下24-頁583上3)又,《勅修百丈清規》卷6:「為眾僧出納,故有庫頭。」(《大正藏》冊48,第2025號,頁1146中14-15)

❽ 副寺:負責輔佐都、監寺管理常住的金錢、米、麥等收支,相當於副監寺。《勅修百丈清規》卷4云:「副寺,古規曰庫頭,今諸寺稱櫃頭,北方稱財帛,其實皆此一職,蓋副貳都監寺分勞也。掌常住金穀錢帛米麥出入,隨時上曆收管支用。」(《大正藏》冊48,第2025號,頁1132中28-下2)

❽ 維那:負責主持法事儀式,管理僧眾紀律等內外僧事。《勅修百丈清規》卷4云:「維那,綱維眾僧,曲盡調攝。堂僧掛搭,辨度牒真偽。眾有爭競遺失,為辨析和會。戒臘資次、床曆圖帳,凡僧事內外無不掌之。舉唱回向,以聲音為佛事。」(《大正藏》冊48,第2025號,頁1132中4-7)

❽ 監院、都寺:「監院」即「監寺」,職責和「都寺」相同。禪剎原僅設監寺,後因規模擴大、僧眾增多,故而增設都寺總攬庶務。《勅修百丈清規》卷4:「古規惟設監院,後因寺廣眾多,添都寺以總庶務。」(《大正藏》冊48,第2025號,頁1132上10-11)

矣。西序，由卑而尊，則：侍者❽⓱，密邇❽⓲長老，或燒香、或衣鉢、或湯藥、記錄書狀，皆以便習學也；而知客❽⓳，以職典謁❽⓴；知浴❽㉑，以興普行；知藏❽㉒，以掌琅

---

❽⓱ 侍者：隨侍長老近身學習者。明・通容述，《叢林兩序須知》：「侍者之稱，侍住持以近道也。《清規》所列有五：曰燒香、曰書狀、曰請客、曰衣鉢、曰湯藥。」（《新纂卍續藏》冊 63，第 1251 號，頁 671 上 7-8）

❽⓲ 密邇：貼近、靠近。

❽⓳ 知客：又作「典客」、「典賓」，負責對外交際、迎送與應接賓客。《勅修百丈清規》卷 4：「知客，職典賓客。凡官員檀越尊宿諸方名德之士相過者，香茶迎待，隨令行者通報方丈，然後引上，相見仍照管，安下去處。」（《大正藏》冊 48，第 2025 號，頁 1131 中 9-11）

❽⓴ 典謁：掌管賓客請見的傳達及接待事務。

❽㉑ 知浴：又作「浴司」、「浴主」，司掌浴室及沐浴相關事宜。《勅修百丈清規》卷 4：「知浴，凡遇開浴，齋前掛開浴牌。寒月五日一浴，暑天每日淋汗。鋪設浴室，掛手巾，出面盆、拖鞋、腳布。」（《大正藏》冊 48，第 2025 號，頁 1131 中 18-20）

❽㉒ 知藏：也稱「藏主」，主管佛經圖書等。《勅修百丈清規》卷 4：「知藏，職掌經藏兼通義學。凡看經者初入經堂，先白堂主，同到藏司相看，送歸按位對觸禮一拜，此古規也。今各僧看經多就眾寮，而藏殿無設几案者。」（《大正藏》冊 48，第 2025 號，頁 1131 上 24-27）

函;書記❽,以宰文墨。而堂中板首❽,則堂主、後堂。層累而上,則西堂、首座❽。而四板首所職者,則規矩佛法,以佐長老;鍛鍊禪眾,以接來學。而事乃大備矣。古云:「不遇盤根錯節,無以別利器。」❽ 縱有能人,不歷執事,何以陶鍊德器❽、博綜❽智能?非麤(粗)疏(疏)

---

❽ 書記:又稱「書狀」、「記室」、「外史」、「外記」,掌文疏翰墨。《勅修百丈清規》卷4:「書記,即古規之書狀也,職掌文翰,凡山門榜疏書問、祈禱詞語悉屬之。」(《大正藏》冊48,第2025號,頁1131上12-13)

❽ 板首:亦稱「班首」,叢林設有四大板首,乃是輔佐長老以鍛鍊學人者。(參見註❽)

❽ 首座:又作「上座」、「首眾」、「第一座」、「座元」、「禪頭」,即居一座之首位,而為眾僧之表儀者。可分為前堂首座、後堂首座、立僧首座、名德首座、卻來首座等數種。

❽ 宋・正賢等編,《介石智朋禪師語錄》:「師云:『不遇盤根錯節,不足以別利器。』」(《新纂卍續藏》冊69,第1371號,頁801下2)「盤根錯節」原是形容樹木根株盤屈、枝節交錯,用來比喻事情的艱難複雜。

❽ 德器:道德修養與才識度量。

❽ 博綜:猶「博通」,廣泛地通曉各種知識。

而任習,即掣肘而無才,❽㉙以宰叢林,安得不敗事而決裂哉?

況從上古錐,欲磨厲人材也,叢林務行❽㉚,無不命歷。❽㉛溈山古佛,百丈命以典座;雪峰大老,德山委以飯頭;❽㉜乃至楊岐、自寶庫司;❽㉝仰山、雪竇知客;雲峰化主❽㉞;五祖磨頭❽㉟;妙喜東司❽㊱;百靈知浴❽㊲;圓通知

---

❽㉙ 這二句是說,這樣一來,不是才疏寡陋的人依著習性處理事物,就是毫無才能者處理事務時處處為難。「麤疏」指粗忽疏陋,謂才識疏略寡陋。「習」是習性、習氣。「掣ㄔㄜˋ肘」指為難、牽制。

❽㉚ 叢林務行:指各項寺務行政等。

❽㉛ 命歷:被指派擔任各項職事。「命」為指派、任命。「歷」乃歷練、擔任之意。

❽㉜ 飯頭:負責大眾吃飯事宜。《景德傳燈錄》卷6:「置十務,謂之寮舍,每用首領一人,管多人營事,令各司其局也(主飯者目為飯頭,主菜者目為菜頭,他皆倣此)。」(《大正藏》冊51,第2076號,頁251上19-20)又,《百丈清規證義記》卷6:「《(廚房)銘》曰:『雪峯飯頭、溈山典座,古德芳風,於今未墮。攝爾狂心,慎爾口過。運水搬柴,毋忘者箇。堂內坐禪,堂外禪坐。誰知傳衣,不離碓磨。』」(《新纂卍續藏》冊63,第1244號,頁452上16-19)

❽㉝ 北宋的楊岐方會禪師及洞山自寶禪師(978-1054)皆曾擔任寺院倉

庫管理員之職。庫司：倉庫管理者。《勅修百丈清規》卷 4：「庫司當置總簿，具寫諸寮什物，住持知事僉定，仍分置小簿付諸寮，兩相對同，新舊相沿交割，損者公界修補，缺者本寮陪償將進退。」（《大正藏》冊 48，第 2025 號，頁 1135 上 9-11）

❽㉞ 雲峰化主：北宋的大愚守芝禪師曾命雲峰文悅禪師（997-1062）化緣乞食、乞炭等。化主：於寺院無產或糧米不足時，負責化緣事宜。見《勅修百丈清規》卷 4：「化主，凡安眾處常住租入有限，必籍化主。勸化檀越隨力施與，添助供眾。」（《大正藏》冊 48，第 2025 號，頁 1133 上 19-20）又，《百丈清規證義記》卷 6：「化主，種種不同，凡叢林淡薄無產，或遇荒年糧不足，當請米麥化主。或係大修殿宇，當請修造化主。此外更有菜化主、鹽化主、草鞋化主、香燭化主等。凡化主募化財物，各認地方，弗使重疊，惟須隨喜樂助，不可勉強。」（《新纂卍續藏》冊 63，第 1244 號，頁 454 中 3-7）

❽㉟ 五祖磨頭：五祖法演禪師在白雲守端禪師座下時，曾作磨頭的工作。磨頭：又作「磨主」，掌管磨院，負責碾磨穀、麥等穀糧。《百丈清規證義記》卷 6：「磨頭，有乾、有水。乾者，磨米麥等（隨庫房使用）。水者，作豆腐等。」（《新纂卍續藏》冊 63，第 1244 號，頁 452 上 2-3）

❽㊱ 妙喜東司：大慧禪師曾負責管理廁所。「東司」指廁所，為東序之僧人所使用的廁所。

❽㊲ 百靈知浴：指唐代的百靈和尚（馬祖道一法嗣）負責沐浴事務。

眾❽㊳㊴；廻（回）石監修❽㊴㊴；權直歲❽㊵㊾；匡桶頭❽㊶㊶；洞山香燈❽㊷㊷；大伯知隨❽㊸㊸。陸沈下板❽㊹㊹，率先苦行。皆所以養其

---

❽㊳㊴ 圓通知眾：圓通禪師曾為知客之首。《百丈清規證義記》卷6：「知眾，為知客之首。外應檀那，內調大眾。既欲和光同塵，又須任勞任怨，時察大眾賢否勤惰，舉直錯枉，不得愛憎不公。凡客堂外單巨細事務，留心照管。凡送新執，必開示彼本執所宜，令彼警心，以期稱執。」（《新纂卍續藏》冊63，第1244號，頁449中3-6）【編案：「圓通」可能是指《禪林寶訓》中所提到之北宋北山法通禪師，俗稱烏頭通。】

❽㊴㊴ 廻石監修：南宋石頭自回禪師曾負責監督修造工作。《百丈清規證義記》卷6：「監修，乃知屋之副執。若無知屋，則監修正理修造。督管匠人，及諸工賑、財物、木料等事。」（《新纂卍續藏》冊63，第1244號，頁454上23-中1）

❽㊵㊾ 權直歲：北宋保福本權禪師曾在晦堂祖心禪師座下擔任直歲。（「直歲」參見註❽㊸㊸）

❽㊶㊶ 匡桶頭：五代十國時期的招慶道匡禪師曾在長慶慧稜禪師（854-932）座下作桶頭。桶頭：收拾及供應飯桶。參見《百丈清規證義記》卷6：「兼桶頭，淨齋堂桶，收供飯桶。」（《新纂卍續藏》冊63，第1244號，頁452上4）

❽㊷㊷ 洞山香燈：洞山禪師曾作香燈的工作。「香燈」的工作可參見《百丈清規證義記》卷6：「香燈，打掃廚房內外、打茶、催本寮人課誦上殿。除公事，若止靜不到者，白典座。朔望到庫房，取廚神供果香燭，及廚用茶葉。」（《新纂卍續藏》冊63，第1244號，頁452上7-9）

器、老㊋其材,斧斤㊌其質幹、霜雪㊍其筋骨,使之任重致遠而柱石㊎法門也。

　　獨至付授㊏一事,常不於列職,而必於首座、西堂者何哉?既望其荷擔法門,必能鍛鍊衲子,方可利益方來㊐。既期以宰斷叢林,必能哮吼當場,不㊑可紹續㊒

㊉ 大伯知隨:北宋韓大伯禪師未出家前曾擔負勤雜勞務的淨人工作。《百丈清規證義記》卷5:「童行,即叢林知隨,照客之類也,亦名隨眾。古者於外來發心出家,或求習學之人,恐其立志有詐,真偽難辨,故先與三皈依,名為童行,亦號淨人。」(《新纂卍續藏》冊63,第1244號,頁420下11-13)

㊊ 陸沈下板:比喻隱逸於下位。「陸沈」乃陸地無水而沉,用來比喻隱居、埋沒,不為人知。「下板」為下間的板頭,指居於下位。見《禪林寶訓音義》:「下板,官謂下僚。下板,言居於下位也。」(《新纂卍續藏》冊64,第1262號,頁459中2)

㊋ 老:令其嫻熟、老練。

㊌ 斧斤:以各種斧子修削,比喻超過限度地雕琢。

㊍ 霜雪:謂經受霜雪,比喻嚴酷的經歷。

㊎ 柱石:頂梁的柱子及墊柱的礎石,用來比喻擔當重任。

㊏ 付授:囑託授予,指付法。

㊐ 方來:將來。

㊑ 不:應為「才」。

㊒ 紹續:承嗣、世襲。

慧命。若不於板首時，熟鍊其鉗錘使牙爪毒辣，推舉其秉拂 ❽ 使聲光靄著 ❽；一旦居此位、行此令，豈能不捉衿而露肘 ❽ 哉？

嗟！見近世法門，不講鍛鍊，急於收人，衲子入門，草草付授。即或係執事，不循資例，輕易打發。❽ 所至叢林，輒日某以侍者付矣；某以知客付矣；某以寮元 ❽、直歲付矣；乃至某某以禪眾付矣。竟不命以典司 ❽ 試以盤

---

❽ 秉拂：住持或代理者手持拂子上堂為大眾說法，謂之「秉拂」。凡前堂首座、後堂首座、東藏主、西藏主、書記等，皆具秉拂之資格，並稱為秉拂五頭首。

❽ 聲光靄著：音容光彩和藹得當。

❽ 捉衿而露肘：同「捉衿見肘」，衿同「襟」。一整衣襟就露出了肘子，引申為顧此失彼，處境困難。

❽ 這裡是說，不審察稟賦資質作為工作安排的依據，就輕易派遣職事。「循」為考察、察看。「資」指稟賦、才質、閱歷。「例」指可用作依據的事物。

❽ 寮元：又稱「寮首座」，司眾寮之事，其下設有寮長、寮主、副寮、望寮等輔佐其職務。《勅修百丈清規》卷4：「寮元，掌眾寮之經文什物、茶湯柴炭、請給供需、洒掃浣濯、淨髮椸一／巾之類。」（《大正藏》冊48，第2025號，頁1132下26-27）

❽ 典司：主持、主管之職。

錯❽,舉以板首以利其牙爪、鍊其才能、蓄其聲問❽。是事面牆而即打一印子,❽明知軟弱而但搭一虛(虛)名,不但誤天下蒼生,而自弄自誑,門庭倒蹋而不可扶矣。何所取也哉?

亦知自古無易為之佛祖,而亦無無能之長老。長老者,所以範人天、統龍象,為英靈標準、為文武權衡❽,則必有道德可以訓人,而亦有才能可以治事。雖潛行密

❽ 試以盤錯:以艱難繁雜的工作來考察能力。「盤錯」指「盤根錯節」,比喻事情艱難複雜。
❽ 聲問:指名聲。
❽ 比喻凡事如面對著牆般一無所見,然後就付授給不學而見識淺薄者。打一印子:即「打印子」,蓋章之意,此指印可。
❽ 權衡:法度、標準。

用,如愚若魯,❽而一當大任,則經緯剗割❽、目無全牛❽,豈非師家爐韝周正❽,簡練於早也哉?故鍛鍊初

---

❽ 潛行密用,如愚若魯:此語出自洞山良价禪師的〈寶鏡三昧歌〉(見《筠州洞山悟本禪師語錄》,《大正藏》冊47,第1986A號,頁515上16-中10)指的是外表看起來雖然平凡愚魯,但其實隱於暗處、不聲揚地產生有益大眾的作用。聖嚴法師對此曾有詳細說明:「所謂大智者若愚,有一種表現就是『潛行密用』。『潛』是潛伏隱藏,『密』是暗地不聲揚。其實他是很有作用的人,這種人可能一輩子默默無聞,死後也許有人發現他的事蹟,也許永遠湮沒不彰,但最重要的是他對眾生有益,至於有沒有留下記載並無所謂。」此外,「潛行密用的人,不讓人發現他是眾所認同的人物,也不在人多的場合顯示自己是個大修行人、是菩薩行者、是自利利他的人。但他自己心裡很明白,內在也很用功,即使外表看來好像什麼貢獻也沒有,但他是幕後功臣,協助他人完成大功德;眾人所矚目的那個完成大功德的人,其實是利用了他的智慧、方法和支援。」(見《聖嚴說禪》,《法鼓全集》第4輯第11冊,頁182-183)

❽ 經緯剗割:比喻規劃治理得很有條理。「經緯」原指織物的縱線和橫線,比喻條理、秩序。「剗割」指剗割,也有裁決、治理的意思。

❽ 目無全牛:此語典故出自《莊子》中「庖丁解牛」的故事(參見註❹),指廚師執刀三年後技藝超群,在其眼中已沒有整頭牛的形體。用來比喻技藝純熟高超,亦可形容辦事精明熟練。

機，冀其開眼，莫善於敲擊；鍛鍊老參，期其成器，莫精於簡練。不由❽⁶⁷此道而望英賢輩起、蹴踏祖庭❽⁶⁸，縱或有僥倖，而非常法矣。語曰：「以不教民戰，是謂棄之。」❽⁶⁹可為痛哭流涕、長太息❽⁷⁰者，此也。

---

❽⁶⁶ 周正：完整而端正。

❽⁶⁷ 不由：不用。

❽⁶⁸ 指如馬祖道一禪師一般能為禪宗鍛鍊諸多英才。（參見註 ❾「馬駒蹴踏」）

❽⁶⁹ 此語出自《論語》，意思是說，不加以訓練就讓百姓去打仗，則戰事必然破敗。（參見魏·何晏、梁·皇侃義疏，《論語集解義疏》卷 7，《文淵閣四庫全書》冊 195，上海：上海古籍出版社，2003 年，頁 464）

❽⁷⁰ 長太息：深長地嘆息。

14

謹嚴付授第十三

　　關於鍛鍊的方法，戒顯禪師已於前十二篇說明完畢，本篇主要在叮囑長老，付授傳法務必謹慎。他提到，使人省發不難，難在選擇適合的人付授，因為只要有正確的鍛鍊方法，不論根器高低都有機會省發，但未必都可付授。尤其當時，有的長老不懂鍛鍊，又害怕法脈斷絕，因而讓一知半解或偽裝欺騙者偷關而過，繼而敗壞法門。雖然世尊及歷代祖師每當傳法時，都苦口婆心要弟子勿使法脈斷絕，但戒顯禪師也舉了許多祖師大德的例子說明，在興盛時期人才自然輩出，但時勢衰微時，與其讓虛有其表者泛濫門庭，寧願少付授而求真傳。有些長老堅決不付一人，其實是為了法門清淨而不得已為之。最後，戒顯禪師再次懇切地提醒長老，定要重視綱宗、辛勤鍛鍊，並謹慎地付授傳持下去，方能使慧命永傳。

⋯⋯⋯

　　鍛鍊之說，既畢陳於前矣❽㊆。然欲善始善終，則流傳宜慎。何故？苟有佛性，則皆受鍛鍊。既受鍛鍊，則人可省發。然人人可以省發，而不必❽㊆人人可付授也。昔人云「上根利智，方可參禪」，余嘗（嘗）斥其言為非是。蓋爐韛所以鎔鈍鐵、良醫所以療病人，不明鍛鍊，雖上根利智，皆成廢器，況下此者乎！善能鍛鍊，雖鈍鐵、病人，亦成良材，況上此者乎！有心皆可以作佛、有性皆可以悟道，祇在善知識，爬（爬）羅抉剔，刮垢磨光，❽㊆垢

---

❽㊆ 既畢陳於前矣：已經在前面全部列敘完畢了。

❽㊆ 不必：未必。

❽㊆ 爬羅抉剔，刮垢磨光：搜羅並挑選人才，然後加以培訓，使其去除缺點，發揚優點。這裡的「抉剔」原應為「剔抉」，其典故出自唐・韓愈，《進學解》：「爬羅剔抉，刮垢磨光。蓋有幸而獲選，孰云多而不揚？」（參見謝冰瑩等註譯，《新譯古文觀止》，臺北：三民書局，2001 年，頁 584）「爬羅」指發掘搜羅。「抉剔」是挑選剔除、抉擇之意。「刮垢磨光」指刮除污垢並磨出光彩，用來比喻訓練、培養人才。

盡明現，如磨鏡喻[874]。今不咎鍛鍊之無方，而概謂中下機器，絕參學分[875]，此萬古不破之惑，而余切齒者也。然謂一經省發，盡可付授，此又知其一而不知其二也。

學家而至堪付授，必其道眼可以繩[876]宗祖，行德可以範人天，學識可以廸（迪）[877]後進，爪牙可以擒衲子。然後命之以出世，責[878]之以為人。如印傳印，印文克肖[879]而法門允賴[880]矣。即末法時代，全杖[881]難得、異器難

---

[874] 磨鏡喻：此乃以生銹的銅鏡，比喻性本清淨，只是染上些銹垢，經過打磨，即可愈磨愈亮而恢復本淨。

[875] 分ㄈㄣˋ：緣分；天分。

[876] 繩：繼承。

[877] 廸：啟迪、引導。

[878] 責：期望、督促。

[879] 克肖：相似，指能夠繼承前人。

[880] 允賴：信賴、依靠。

[881] 全杖：指兼具心之德、用之德者。參見《勅修百丈清規》卷5：「錫杖，梵云『隙棄羅』，此云錫杖。《錫杖經》云：佛告比丘，應受持錫杖，過去、未來、現在諸佛皆執故。又名智杖，又名德杖，彰顯智、行功德本故。」（《大正藏》冊48，第2025號，頁1139中18-21）又，明·法藏輯，《弘戒法儀》卷2：「故曰錫杖者，智杖也，悟本心為心之德，悟師法為用之德故；又曰德杖也，令人悟本、別二智，而行一乘大法之功德也。……於此會得，則此

求,亦必久久同住,熟知心行,縱不能超宗異目[882],亦不至方底圓蓋(蓋)[883],必有幾種擅長,稍近繩墨[884]者而後可。即不能為長老,而為靜主[885],亦必道眼明、人品正,具佛祖剛骨,而狷介自守[886],不犯入苗稼者而後然。斷非

全杖坐斷聖凡,別通一路,終日受持,向威音王那邊、那邊、更那邊行履故。……此全杖者,最上一乘妙道也。」(《新纂卍續藏》冊 60,第 1126 號,頁 609 上 4- 中 6)

[882] 超宗異目:指超越宗門規式、非同尋常的法眼。如《密菴和尚語錄》:「若是親證親悟大法明底人,說什麼把斷咽喉,渠自有超宗異目生涯。」(《大正藏》冊 47,第 1999 號,頁 975 下 28-29)

[883] 方底圓蓋:方形器皿,圓形蓋子,比喻兩不相合。北齊・顏之推撰,《顏氏家訓・兄弟篇三》:「今使疏薄之人,而節量親厚之恩,猶方底而圓蓋,必不合矣。」(收錄於《文淵閣四庫全書》冊 848,上海:上海古籍出版社,2003 年,頁 940)

[884] 繩墨:木工畫直線用的工具,比喻規矩、準則、法度。

[885] 靜主:為各靜室之主,又稱「莊主」,俗稱「下院當家」。《百丈清規證義記》卷 6 云:「莊主,亦名靜主,乃靜室之主也,俗呼下院當家。凡莊田一切事務,俱其專主。」、「即莊主、園頭,另住之處,就稍遠者言,故名下院。」(《新纂卍續藏》冊 63,第 1244 號,頁 455 下 16、頁 456 下 3)

[886] 狷ㄐㄩㄢˋ、介自守:孤高潔身並堅持操守。

庸陋愚劣、險詖邪僻 ❽⁸⁷ 之輩，所宜插足者也。

　　然而法門至今日，流弊不可勝言 ❽⁸⁸ 矣。每見主法者，徒守死法而不苦身鍛鍊，則求人省發實難。因省發者難求，而又懼斷絕，見一知半解者，不得不急急付授。此其故有二：一者，止貴根本，不重綱宗，無擒拏（拿）移換人手腳，則一橛頭禪 ❽⁸⁹，苟口角滑利 ❽⁹⁰ 者，皆得偷關而過，而下半截深細鍛鍊，竟置之不問矣，此儱統門頭 ❽⁹¹ 所以易於付授也。二者，長老雖欲擇器，竹箆下既不能出人，而又不甘心寂寞，明知外來生人一知半解，無當於數 ❽⁹²，而其勢不容留難 ❽⁹³，稍一簡擇，則其人必掉首而去矣。此不知鍛鍊，所以至於泛濫也。

---

❽⁸⁷ 險詖ㄅㄧˋ、邪僻：陰險諂媚且品行不端。
❽⁸⁸ 不可勝言：猶「不可勝道」，形容數量多。
❽⁸⁹ 一橛頭禪：即「一橛禪」，指單提棒喝而別無施設之禪。（參見註 ❺⁰⁹）
❽⁹⁰ 口角滑利：指言語順暢無滯礙。
❽⁹¹ 儱統門頭：指長老含糊不成器而未嚴格把關。「儱統」應為「儱侗」或「籠統」。「門頭」為守門僧。
❽⁹² 無當於數：猶「於理不合」。「無當」指不符合、不相稱。「數」乃道理之意。
❽⁹³ 留難：阻撓、為難。

以余言之,易得者省發,而顧難之,如龜毛、如兔角;[894] 應難者付授,而顧易之,如起法名、如納戒子,豈不大顛倒哉?誠欲望曹溪正脈源深而流長、列祖慧命真傳而正授,則於法嗣之行[895]也,宜囑而又囑,令慎而更慎,共堅其壁壘、峻其隄(堤)防,無令影響音聞者一傳再傳,[896] 漸至潰圍而亂正[897],則法門不至敗壞矣。然則,有前輩尊宿謹守關鑰,至死而不付一人者如何?曰:此必

---

[894] 這裡是說,戒顯禪師認為,讓學人省悟是相對容易的事,卻反而變得如龜毛、兔角般困難。「如龜毛、如兔角」比喻不可能存在或有名無實的東西,如宋・法雲編,《翻譯名義集》卷4:「龜毛兔角,但有名字,實不可得。」(《大正藏》冊54,第2131號,頁1119下27-28)

[895] 行:流傳、傳布。

[896] 這句是說,不使那些會影響到正法傳播的人一代代地傳承下去。「音聞」指聲音的傳播,這裡指以清淨智慧說法的散布傳揚。《大佛頂如來密因修證了義諸菩薩萬行首楞嚴經》卷6云:「此方真教體,清淨在音聞。」(《大正藏》冊19,第945號,頁130下18)對此,聖嚴法師在《觀音妙智——觀音菩薩耳根圓通法門講要》曾說明:「『清淨在音聞』,釋迦牟尼佛以清淨的智慧,發出說法的聲音,能夠讓眾生聽到,也能夠使眾生的心從煩惱轉為清淨。」(《法鼓全集》第7輯第15冊,頁218)

[897] 潰圍而亂正:指突破壁壘、堤防而毀壞正法。

善知識感憤時風❽,矯枉過正,萬不得已而然,而亦非中道也。佛祖慧命,遞代相承,傳流衣法,為千萬世光明種子。泛濫付授誠非,而亦豈以畢竟斷絕為是。不見世尊與西天列祖,每當傳法,必苦口曰「傳示將來❾,毋令斷絕」乎!但其閒(間)或有人、或無人、或多付、或少付,各有定分❿,不可矯強⓫,貴得其當而已。

馬祖出善知識八十四人,各為宗主,靡不當器⓬。後來稱⓭人材極盛者,為⓮雲門、為洞山、為法眼、為汾陽、為黃龍南、為真淨文、為東山、為圓悟、為妙喜,⓯

---

❽ 感憤時風:憤慨當代的宗門風氣。「感憤」亦作「感忿」。
❾ 傳示將來:要將正法傳揚後世。
❿ 定分:指命定的緣分。
⓫ 矯強:勉強。
⓬ 靡不當器:此指馬祖所付授法子駐錫各方時,無一不是教化得體、可為模範的法器。
⓭ 稱:稱揚、聞名。
⓮ 為:有。
⓯ 「法眼」指法眼文益禪師。「汾陽」指汾陽善昭禪師。「黃龍南」指黃龍慧南禪師。「真淨文」指真淨克文禪師。「東山」指北宋五祖法演禪師。以上這些禪師都是廣傳法嗣的代表。

而妙喜付授,世譜列九十餘人,而未嘗(嘗)有人議諸老為濫付也。其衣缽單傳❾⓿❻者,如風穴、如楊岐、如白雲、如應菴、密菴等,❾⓿❼雖孤承七鬯❾⓿❽,寬能克家❾⓿❾,而亦未嘗(嘗)必以斷絕為高也。如必以斷絕為高,則四祖

---

❾⓿❻ 單傳:原指一師所傳不雜別派,或唯有一子傳代之意。此處指法嗣單薄。

❾⓿❼ 「風穴」指風穴延沼禪師。「楊岐」指楊岐方會禪師。「白雲」指白雲守端禪師。「應菴」指南宋應菴曇華禪師(1103-1163)。「密菴」指南宋密菴咸傑禪師(1118-1186),為應菴曇華禪師法嗣。以上這些禪師指法嗣單薄的代表。

❾⓿❽ 孤承七鬯彳尢ˋ:指法嗣傳承單薄。七鬯:應為「匕鬯」。「匕」指匙,乃古代取食的用具。「鬯」是古代宗廟祭祀時用的香酒。故「匕鬯」泛指飲食用具,也可用來代指宗廟祭祀。

❾⓿❾ 寬能克家:尚足以承擔或繼承家業。「寬」:寬然、有餘裕。

何必從廬阜而遠至牛頭乎？❿⁰ 南嶽何必磨甎（磚）？❿¹ 船子何必覆舟？❿² 風穴何必痛哭？❿³ 大陽何必以頂相、皮

---

❿⁰ 唐貞觀年中，四祖道信禪師遙觀氣象，知牛頭山有奇人，就親自尋訪。當時牛頭法融禪師（594-657）居牛頭山，能感化百鳥每日啣花供養。後來四祖尋來，對其廣說法要，使其頓悟並付法，為牛頭宗開祖，此後，百鳥亦不再啣花。（詳可見宋・法應集，《禪宗頌古聯珠通集》卷8，《新纂卍續藏》冊65，第1295號，頁516上11-中1）

❿¹ 馬祖道一禪師原好坐禪，南嶽懷讓禪師就搬了塊磚，在其坐禪處附近認真地磨，並告訴他，磨磚是為了作成鏡子。道一禪師質疑磨磚怎可成鏡，於是懷讓禪師趁此機緣，開導他磨磚不能成鏡、光坐禪又豈可成佛的道理。（參見《大慧普覺禪師語錄》卷23，《大正藏》冊47，第1998A號，頁910上29-中5）

❿² 唐代的船子德誠禪師個性放縱不拘，唯好山水，得法於藥山惟儼禪師後，隱居於浙江華亭泛舟渡日。為報師恩，曾委請師兄弟道吾禪師及雲巖禪師，若遇到適合者，可指引至江邊找他。後來，船子和尚指點尋之而來的夾山善會禪師，使之開悟並付法。夾山禪師辭行時頻頻回頭，船子和尚於是叫住他並豎起船槳說：「汝將謂別有那。」即覆船而逝。（詳見《聯燈會要》卷21，《新纂卍續藏》冊79，第1557號，頁178下19-頁179上20。另可參見註 ❹⁷⁸）

❿³ 北宋的首山省念禪師自幼出家，常年誦持《法華經》，人稱「念法華」。後來他在風穴禪師座下當知客，風穴禪師每每想到唐代仰山慧寂禪師（807-883）曾說「臨濟一宗，至風而止」，擔心臨濟之道

履、直裰寄浮山，使求法器乎？❾⓵❹ 特以 ❾⓵❺善知識行事，或開張❾⓵❻、或守成、或補救，因時施設，各有苦心，不可輕議。

　　斷送在自己手上，於是更謹慎認真地注意弟子徒眾之中，是否有堪任法道之人。有一天，風穴禪師痛哭說臨濟法脈恐怕將斷送在自己手上，弟子聰明者雖多，但見性者卻太少。在旁侍立的省念禪師就問師父自己如何，風穴禪師眼看機緣已成熟，即點破他執著於《法華經》而無法放下的問題。（參見《禪林僧寶傳》卷 3，《新纂卍續藏》冊 79，第 1560 號，頁 497 中 12-14，以及《五燈會元》卷 11，《新纂卍續藏》冊 80，第 1565 號，頁 232 上 13-19）

❾⓵❹ 北宋浮山法遠禪師曾參大陽明安禪師（943-1027），機緣相契，明安禪師欲付法之，但法遠禪師以已有嗣法而婉辭，明安禪師感嘆自己年事已高，恐怕之後無人繼法，於是作偈，並將自己之肖像、皮履、僧袍託付給法遠禪師，請他將來代為傳法。之後，法遠禪師代明安禪師傳法予投子義青禪師（1032-1083）。（詳見《續古尊宿語要》卷 2，《新纂卍續藏》冊 68，第 1318 號，頁 381 上 18- 中 2）頂相：此指祖師大德之半身肖像。直裰：指僧袍。

❾⓵❺ 特以：只因。陳奇猷校釋，《呂氏春秋校釋》卷 5：「故先王之制禮樂也，非特以歡耳目、極口腹之欲也。」臺北：華正書局，1985 年，頁 273。

❾⓵❻ 開張：開擴、擴張。此指令門庭廣大。

時方盛也❾⓱，佛祖挺生❾⓲，龍象聚集，有智過於師者，不則❾⓳亦見與師齊者，廣大門庭，無一而非法器，雖付數十人，乃至百人而不為多，法當開張，不得而不開張也。時方季也❾⓴，師家缺辨驗，學者驁㉑虛（虛）名，有付數人而無一人當器者，有付數十人而無一人周正出世老㉒，羊質虎皮㉓，彼此互相哄誘，即付一人而亦已非。

　　於是真善知識，寧令斷絕，而走孤高以為補救。法當補救，不得而不補救也。蓋開張之知識㉔處其易，補救之知識處其難；易有易之功勳，難亦有難之利益。補救之知識，雖云不付，而中流砥柱，道眼具存，曠百世㉕而

---

❾⓱ 時方盛也：時勢處於正當興盛的時候。「時」指時勢、時局。「方」猶正，當、在之意。

❾⓲ 挺生：挺拔生長，乃傑出之意。

❾⓳ 不則：亦作「不咱」，不然、要不。

❾⓴ 時方季也：時勢處於正當衰微的時候。「季」指衰微。

㉑ 驁：追求、追逐。

㉒ 老：應作「者」。（聖嚴法師在《禪門修證指要》中亦作「者」，見《法鼓全集》第4輯第1冊，頁249）

㉓ 羊質虎皮：比喻外強內弱，虛有其表。

㉔ 知識：善知識，指祖師大德們。

㉕ 曠百世：指隔了世世代代久遠的歲月。「曠」：隔。

光明洞然,謂之斷絕可乎?泛濫門庭,雖則多付,而日中灌瓜㊗,結果何在?不轉眼而敗壞狼籍,謂之接續可乎?

　　總之,明綱宗、知鍛鍊,則初步不難出人;悟後不輕放過,謹慎與流傳,皆為法門之幸。毀綱宗、忽鍛鍊,則流傳有濫觴㊗之過,太慎又有斷絕之憂,皆非法門之福。雖然如是,善知識者,為佛祖入草㊗求人,為人天開鑿眼目,寧慎無濫,寧少而真,毋多而偽。無俾稂、莠、稊、稗,得以混亂嘉種,㊗則慧命必永遠而昌大矣。

㊗ 日中灌瓜:正午替瓜澆水反而殘害其生長,用來比喻揠苗令長。元·中峰撰述,《天目中峰廣錄》卷 11:「然近代之據師位者,不思等心垂化,令法久住,往往急於求嗣,效閭巷庸俗之所為,以勢利相傾、名位相誘、物欲相勝、情妄相欺,似此雖數千百傳,繩繩不墜,何有益於理哉?豈惟無益,實害之至也,故月堂有『日中灌瓜』之喻。」(《補編》冊 25,第 145 號,頁 820 上 3-7)

㊗ 濫觴:泛濫。

㊗ 入草:指投身于世間俗眾,作種種度生之事。宋·惠泉集,《黃龍慧南禪師語錄》:「趙州入草求人,不覺渾身泥水。」(《大正藏》冊 47,第 1993 號,頁 638 中 14-15)「草」用來比喻世間、俗眾。

㊗ 這句話是說,不使雜草混入優良的穀種中。無俾:不使。「稂ㄌㄤˊ」即狼尾草。「莠一ㄡˇ」指狗尾草,為田間常見雜草。「稊ㄊㄧˊ」結實如小米狀。「稗ㄅㄞˋ」指稗子,乃一種

故余苦口，力陳鍛鍊，而終之以囑慎流傳，以為末後一句。夫重綱宗、勤鍛鍊、持謹慎，此三法者，皆世所未聞而難行者也。再三瀆❾⓷⓪此，必觸忌諱；然欲使正眼流通、兒孫得力，道必繇此。語曰：「當言不避截舌。」❾⓷⓵孔子曰：「知我者，其惟《春秋》乎！罪我者，其惟《春秋》乎！」❾⓷⓶余姑存此說，以就正❾⓷⓷方來。千百世下，復有子雲❾⓷⓸者出，必知子雲也。❾⓷⓹

　　像穀的草。嘉種：優良的穀種。
❾⓷⓪ 瀆：冒瀆、輕慢不敬之意。
❾⓷⓵ 如《正法眼藏》卷 3 云：「東林總（1025-1091，東林常總禪師）云：『當言不避截舌，當鑪（爐）不避火ㄅㄥˋ。』」（《新纂卍續藏》冊 67，第 1309 號，頁 608 下 17-18）「截舌」原指割舌之刑，後比喻使人閉嘴。「當言不避截舌」指應當說時便應該直說，不必顧慮遭人非議。
❾⓷⓶ 此語原句乃出自于《孟子・滕文公下》。（詳可參見漢・趙岐注、宋・孫奭尸、疏，《孟子注疏》，收錄於《文淵閣四庫全書》冊 195，上海：上海古籍出版社，2003 年，頁 151）當時孔子因世道衰微而作《春秋》並說了這段話，其意是說，了解我的人會說我以《春秋》正綱，而怪罪我的人會說我以此書挑撥，雖然毀譽不一，但既然自認這麼做是對的，那麼不論他人如何評價，都會堅定地完成。

㉝ 就正：向人求教以匡正學識文章的訛誤，為一謙辭。也有歸於正道之意。

㉞ 子雲：指揚子雲，為西漢文學家，曾著有《太玄經》，當時雖遭非議，後有知音出而得流傳後世，本句中「子雲」指稱後世知音。宋・妙源編，《虛堂和尚語錄》卷4：「楊子著《太玄真經》，天下人非之，謂夫子不曾作經，以其詞近乎簡澀（澀）。門人告之，楊子曰：『世不我知，當有子雲復生矣。』自漢及今，楊子之道盛行，大抵立言，只要是當，千古之下，豈無識者。」（《大正藏》冊47，第2000號，頁1019上5-9）

㉟ 此處戒顯禪師引孔子作《春秋》以及揚子雲撰《太玄經》之說，比喻自己也是循著聖人擇善固執的腳步而著作此書，如漢・王充撰，《論衡》卷13：「陽成子長作《樂經》，楊子雲作《太玄經》，造於助思，極窅ㄧㄠˇ冥之深，非庶幾之才，不能成也。孔子作《春秋》，二子作兩經，所謂卓爾蹈孔子之跡，鴻茂參貳聖之才者也。」（收錄於《文淵閣四庫全書》冊862，上海：上海古籍出版社，2003年，頁168）

15

禪門鍛鍊說跋（跋）

　　余實見晚近[936]禪門，死守成規，不諳烹鍛[937]，每致真宗寂寥，法流斷絕，萬不獲已[938]，立為新法，且作死馬醫。若論本分一著，言前薦得，猶為滯殼（穀）迷封；句下精通，已是觸途狂見。[939]悟即不無，爭柰（奈）落在第二頭。[940]汲汲乎講鉗鎚、論鍛鍊，豈非頭上安頭[941]、夢中

---

[936] 晚近：近世。

[937] 烹鍛：燒煉，指鍛鍊培養。

[938] 萬不獲已：萬不得已。

[939] 此段源自風穴禪師，《人天眼目》卷2云：「汝州風穴和尚示眾云：『夫參學眼目，臨機直須大用現前，莫自拘於小節。設使言前薦得，猶是滯殼迷封；縱饒句下精通，未免觸途狂見。」（《大正藏》冊48，第2006號，頁309下9-12）「薦」指領會、領悟。「滯殼迷封」意謂癡迷愚鈍不開竅，或是被情識學解所纏而難以省悟。「觸途」同「觸塗」，乃處處、各處之意。故「觸途狂見」指處處產生狂亂的見解。

[940] 此語出自唐代的京兆米胡和尚，見《瑞州洞山良价禪師語錄》：

說夢?弄泥團漢❷,將來認為實法,不知通變,帶累❸山僧生陷鐵圍❹矣!躭(耽)源圓相,倘遇仰山一火焚

「京兆米和尚令僧問仰山云:『今時還假悟也無?』仰山云:『悟即不無,爭奈落在第二頭。』又令僧問師云:『那箇究竟作麼生?』師云:『却須問他始得。』」(《大正藏》冊47,第1986B號,頁523中16-19)「不無」:有。「爭奈」:怎奈、奈何。「第二頭」乃指第一義以外可說可示者,詳參《聖嚴法師教話頭禪》:「所謂『第一頭』,是向上,就是不落語言文字;『第二頭』則是落於有境界的、有狀況的。」(《法鼓全集》第4輯第17冊,頁247)

❶ 頭上安頭:頭上再安放一個頭,比喻多餘、累贅。唐・裴休集,《黃檗斷際禪師宛陵錄》:「語默動靜一切聲色,盡是佛事,何處覓佛?不可更頭上安頭、嘴上加嘴。」(《大正藏》冊48,第2012B號,頁385下11-13)

❷ 弄泥團漢:搓弄泥團的俗漢,用來貶稱陷入言句情識的愚昧無知者,如同孩童玩泥、捏造假物以為真。《佛果圜悟禪師碧巖錄》卷3:「若是弄泥團漢時,兩箇漚《ㄨˇ》漚漚漚;若是二俱作家時,如明鏡當臺。」(《大正藏》冊48,第2003號,頁168下4-5)

❸ 帶累:連累。

❹ 鐵圍:指地獄。西晉・法立、法炬譯,《大樓炭經》卷2:「佛告比丘:『有大鐵圍山,更復有第二大鐵圍山,中間窈窈冥冥,其日月大尊神光明不能及照。其中有八大泥犁,一泥犁者,有十六部。第一大泥犁名想、第二大泥犁名黑耳、第三大泥犁名僧乾、第四大

之,❾⁴⁵山僧合掌云:「作家❾⁴⁶!作家!是真能善用孫武子,而不為❾⁴⁷趙括談兵❾⁴⁸矣。」果有此人,殆斫額望之也❾⁴⁹。

晦山叟復書於黃梅四祖方丈。

泥犁名樓獵、第五大泥犁名嗷嚾、第六大泥犁名燒炙、第七大泥犁名釜煮、第八大泥犁名阿鼻摩訶。』」(《大正藏》冊1,第23號,頁283中12-18)

❾⁴⁵ 躭源:指唐代的耽源應真禪師。這裡有個典故,唐代的仰山慧寂禪師初謁耽源禪師時已證悟,耽源禪師將南陽慧忠禪師(675-775)所傳下之六代祖師九十七圓相祕本,傳給了仰山禪師,要他好好奉持。結果仰山禪師讀畢後就一把火燒了,還告訴耽源禪師自己已閱畢並燒了,耽源禪師質疑怎可隨便燒之,仰山禪師回答說既已知其意並得到受用,就不必執著它了,若有需要重錄即可,並重集了一本呈上,而內容無所遺漏。(詳見明‧語風圓信等編,《袁州仰山慧寂禪師語錄》,《大正藏》冊47,第1990號,頁582上19-中2)

❾⁴⁶ 作家:原指行家、高手,這裡指機用傑出的禪家高手。

❾⁴⁷ 不為:不是。

❾⁴⁸ 趙括談兵:即「紙上談兵」,僅在文字上談論用兵策略,並不能解決問題,用來比喻不切實際的空談。其典故出自《史記》,戰國時

期,趙國名將趙奢的兒子趙括從小熟讀兵書,談論兵法時連父親也駁不倒他。後來秦國出兵攻打趙國,當時趙奢已去世,只剩將軍廉頗獨撐大局。廉頗治軍有方,使秦兵久戰無功,於是秦王派出間諜散布謠言,說秦軍最怕的是趙括統領大軍。結果趙王中計改派趙括領兵,趙括接掌兵權後,馬上改變戰略,秦軍非常高興,用計截斷趙軍糧草。後來趙軍糧草吃盡,趙括率軍突圍,反遭秦軍亂箭射死,四十萬大軍也全被俘虜活埋。(參見《太平御覽・雜物部一》卷 766,收錄於《文淵閣四庫全書》冊 899,上海:上海古籍出版社,2003 年,頁 750-751)

❹ 殆斫額望之也:我一定會將手置於額前遙望期盼了。「殆」:副詞,當、必。「斫ㄓㄨㄛˊ額」:手放置額前,遙望遠處。

國家圖書館出版品預行編目資料

三峰派參禪鍛鍊指南. 2, 禪門鍛鍊說 / 晦山戒顯
禪師著. -- 初版. -- 臺北市：法鼓文化，
2025.07
　　面；　公分
　　ISBN 978-626-7345-78-8 (平裝)

1. CST: 禪宗　2. CST: 佛教修持

226.65　　　　　　　　　　　　　114005568

中華佛學研究所禪宗典籍系列叢書 2

三峰派參禪鍛鍊指南2——禪門鍛鍊說
Chan Practice Directions for the Sanfeng Lineage (2)
—— A Pedagogy of Meditation Training

著者	晦山戒顯禪師
編註	中華佛學研究所
編撰	蔣明親
編審	釋果鏡、張雅雯
叢書總編	釋果鏡
出版	法鼓文化
封面設計	化外設計
內頁美編	小工
地址	臺北市北投區公館路186號5樓
電話	(02)2893-4646
傳真	(02)2896-0731
網址	http://www.ddc.com.tw
E-mail	market@ddc.com.tw
讀者服務專線	(02)2896-1600
初版一刷	2025年7月
建議售價	新臺幣320元
郵撥帳號	50013371
戶名	財團法人法鼓山文教基金會—法鼓文化
北美經銷處	紐約東初禪寺 Chan Meditation Center (New York, USA) Tel: (718)592-6593 E-mail: chancenter@gmail.com

本書如有缺頁、破損、裝訂錯誤，請寄回本社調換。
版權所有，請勿翻印。

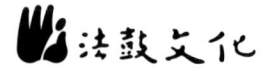

法鼓文化